康熙山陰縣志 2

紹興大典

史部

中華書局

山陰縣志卷第十二

水利志

閘　堰　壩　塘

河渠列於山川乃復有水利記者相地宜重農務也所以經邦土而裕民物者咸繫乎是矣審其利在去其害爲疏濬爲蓄泄爲隄防時舉而不失其宜乃信爲樂土者乎

補治地爲治人之首務順天時興農業水利厥惟要哉凡司民牧者治行有他美不盡傳即傳亦不

甚久惟有功于水利者獨俎豆之與歌頌之不少衰遠自馬侯近在湯公可覩已若乃蓄泄無法聽時水旱徒委諸天行噫天行其果任咎耶

越之地南盤山谷而高北抵滄海而下高者水之所出總其派蓋有三十六源焉下者水之所歸故海爲越水之壑也宋以前鏡湖瀦三十六源之水多則泄民田之水入於海水少則泄湖之水以漑民田湖水由堰閘達于玉山斗門在縣東北三十三里唐貞元元年觀察使皇甫政建閘計八門北五門隸山陰南三門屬會稽泄二縣之水出三江入巨海其上有

張帝祠地利盡而歲事登水旱不能使之病此古山陰之水利也自後鏡湖廢爲田源既漫流水無所瀦兼以浣江之水灌於西江浣江在諸暨與東陽義烏浦江之水合流入西小江經蕭山入于海山陰遂成巨浸時遇霪潦水勢泛溢惟一玉山斗門不能盡泄知府戴琥及知縣張煥雖建扁拖諸閘以濟之扁拖閘在縣北三十里小江之北其閘有二北閘三洞成化十三年戴琥所建南閘五洞正德六年張煥所建（郡推官蔣誼記其畧曰）嘗讀宣房瓠子之歌至今傷之蓋田爲沮洳民爲魚鱉使公卿負薪以塞之積二十餘年而功成於乎亦勞矣哉故爲政之及民無重於水利紹興古會稽郡山陰會稽蕭山艮田千萬頃一遇霪雨則溪水横流遂成甕

形浮梁戴君廷節以御史出守玆土深恤民患以
爲小江決不可復開磧堰決不可再築故於山陰
新竈柘林各置一閘以泄江南之水又於扁拖甲
蓬各置一閘以泄江北之水復於蕭山之龕山山
陰之新河各置一閘以泄湘湖及麻溪之水而後
水有所歸無復向日之漫滮而三縣之田可以望
秋成矣其有利於民豈淺淺哉尚書王鑑之記其
畧曰山陰附郡之邑面山而負海四鄉之田視水
之盈縮以爲豐凶正德戊辰泰和張侯王奎出宰
吾邑謂農事莫重於水利恒切究心以三邑之水
皆宗於玉山扁拖二閘旱則備之以資灌溉潦則
決之以防浸淫然環郡之地亘數百里溪壑暴漲
二閘豈能速退故於涇漊之區倚玉山爲固增置
水閘以分泄玉山斗門之水則三江之至柘林患
可除矣復于扁拖置閘左右增置斗門六洞以泄
小江南北暴漲而三邑居民亦可均受其利矣
而猶未能分殺其暴漲也乃爲決塘之計塘決而

狂湍迅湧勢不得不驟涸然後苦疲民以築塞功未成而患旱乾矣水之爲害非不可去也患去之無方耳今之爲政者罔不以水利爲建明然圖其功而過於鑿水利雖不言可也善慮者亦行其所無事而已今磧堰既决諸暨之水已無所患堰既崩金華諸水徑由漁浦入錢塘知府彭誼所建白馬閘廢不用其境内水之以溪名者曰相溪曰上淺溪曰餘支溪曰白龍溪曰南池溪曰蘭亭溪曰離渚溪曰芝溪曰虞溪曰白石溪曰道樹溪曰大梅溪曰巧溪曰麻溪曰童子溪皆

水源也水之以河名者爲運河爲城河爲府河多爲市民填佔窄狹嘉靖三年知府南大吉按圖籍多方浚闢將徧周諸河未竟而去（新建伯王守仁記越人以舟楫爲輿馬濱河而廛者皆巨室也日規月築水道淤溢畜泄既亡旱潦頻仍商旅日爭于途至有鬬而死者矣南子乃決沮漳復舊防去豪商之壅削勢家之侵失利之徒胥怨交謗從而謡之曰南守瞿瞿實破我廬瞿瞿南守使我奔走人曰吾守其厲民歟何其謗者之多也陽明子曰遲之吾未聞以佚道使民而或有怨之者也既而舟楫通利行旅懽呼絡繹是歲秋大旱江河龜折越之人收穫輸載如常明年大水民居免於墊溺遠近稱便又從而歌之曰相彼舟人矣昔揭以曳矣今歌以楫矣旱之敲也微南侯矣吾其焦矣霪其彌月矣微南侯兮吾其魚鱉矣我輸我獲矣我游我息矣長渠之活矣維南侯之流澤矣人曰信哉陽明子之言未聞以佚道使民而或有怨之者也

紀其事于石以詔來者爲鄉都諸河皆水道也水之以湖名者曰青田湖曰狹猍湖曰芝塘湖曰瓜渚湖曰黃湖曰牛頭湖曰黃垞湖曰白水湖曰感聖湖曰秋湖皆水澤也水源必決之使達水道必浚之使深其諸水澤宜查明舊額令圩人杜侵填廣停蓄以資灌溉焉若今三江之應宿閘則所以爲蓄泄之計者至矣三江閘去縣東北三十八里三江城西門外凡二十八洞築隄百餘丈上有張侯祠祠後有湯侯祠蓋海門山磧地當尾閭爲三邑之水口萬川會流泄之易如建瓴知府湯紹恩於是建爲

水澇築土塘開新河經理咸備（侍郎陶諧記）紹興古揚州之域居東南下游之地其屬邑有八惟山陰會稽蕭山之田最下霖雨浸霪則萬水鍾會陸地成淵民甚苦之昔之明守爰度地形置玉山扁拖二閘以泄其水水潦盛日又權宜設策决捍海塘岸數道以疏其流其爲水慮悉矣然二閘之口石硤如疊水却行自瀦出浸數百里而田卒汚萊决岸則激湍漂駛决嚙流移而田亦淪没其患未息其功未全也乃嘉靖丙申蜀篤齋湯公紹恩由德安更守兹土下詢民隱實惟水患公甚憫之曰爲民父母當捍災禦患布其利以利之也吾民昏墊不知爲之所乃安食于其上可乎於是相厥地形直走三江江之滸山嘴突然下有石礲然其西北山之址亦有石隱然起者公圖其狀以歸議諸寮屬皆往相視之掘地取驗下及數尺餘果有石如甬道横亘數十丈公曰兩山對峙石脉中聯則閘可基矣遂毅然排衆論而身任之白其事于廵按御史周公汝員

暨諸藩臬長貳僉曰俞如議公於是祭告海瀆諸神又書土方屬賦役規堰豬授之吏而訪諸同寅孫君全周君表朱君侃陳君讓而周董事實嚴復命三邑尹方廷璽牛斗暨丞尉等慮財用簡夫數屬功義民百餘十人量事期仞厚薄陳畚梮分任効勞命石工伐石於山吏胥犒牛酒以勸且授以方畧使閘用巨石牡牝相銜煮秫和灰固之其石激水則剡其首使不與水爭其下有檻其上有梁中受障水之板板橫則掩之石刻水平之準使啟閉維時堤築以土其淖莫測先沒以銕繼用箘簵發北山石扱之兩旁甃石彌縫峭格罔施堤厚且堅水不得復循故道其近閘磬折參伍之使水循涯以行其財用出于田畝每畝科四釐許計三邑得貲六千餘兩其丁夫則起于編氓更番事事部序既定乃卽興工工方始月夕向晦有神燈數十往來于堤若爲指示區畫之狀既役工堤再潰决復有豚魚百餘比次上浮衆疑且懼奔告于公適拾遺錢公煥在坐曰是易之中孚豚魚吉利涉大

川之義也閘其始成矣乎衆心始定莫不肅將祇
歡胥勸丕作記其日月經始于丙申秋七月六易
朔而告成洞凡二十有八以應天之經宿始於丁
酉春三月五易朔而告成以丈計長四百丈有奇
廣四十丈有奇仍立廟以祀玄冥計其費數千餘
兩有贏羨又於塘閘之内置數小閘曰涇溇曰撞
塘曰平水以節水流以備旱乾嗚呼偉哉繼是水
無復却行之患民無復決塘築堤之苦矣閘之内
去海漸遠潮汐爲閘所遏不得上漸可得良田萬
餘畝堤之外復有山翼之淤爲浮壤可爲田數百
頃其沮洳可蒲葦其瀉滷可鹽其澤可魚其疆可
桑其途可通商旅噫公之舉匪直水患是除而利
之遺民溥矣（張文淵撰湯侯治水利民碑）稽陰蕭
山地勢卑積霖不用旬雨只一夕百萬膏腴須臾
沒溺舉目望洋徒興太息白屋啼饑朱門告糴郡
伯湯公睹此隱惻坐建遠謀立畫長策鑿山開雲
截土甃石作閘三江廿有八隙旱則畜儲潦則放
逸耕始有秋饑始得食行始通舟眠始貼席此勞

此功承自開闢此德此恩垂于罔極以內之玉山閘扁拖閘涇漊閘（在玉山之北一洞正德六年知縣張煥所建）撞塘閘（在玉山閘之東北一洞嘉靖十七年所建）平水閘（在三江城西門之南嘉靖十七年建）爲內防以知府戴琥原定水則而時遵其啟閉焉其於旱潦何患哉（知府戴琥水則例種高田水宜至中則種中高田水宜至中則下五寸種低田水宜至下則稍上五寸亦無傷低田秧已旺及常時菜麥未收時宜在中則下五寸決不可令過中則也收稻時宜在下則上五寸再下恐妨舟楫矣水在中則上各閘俱用開至中則下五寸只開玉山斗門扁拖龕山閘至下則上五寸各閘俱用閉正二三四五八九十月不用土築餘月及久旱用土築其水旱非常時月又當臨時按視以開閉不在此例也祭酒王與撰文）

（鑑湖之水由平水若耶諸溪其源凡三十有六皆

西北流入小江以達于海漢永和中太守馬臻始築堤豬水以鑑湖名周三百八十有八里溉田九千餘頃在會稽山陰二縣境内其地勢南高北下故湖高於田田高於江皆丈許水溢則泄田水入於江水涸則決湖水以溉田至宋又建斗門八所以時閉縱其餘牐堰陰溝之類不可殫述而民享其利亦既久矣至熙寧中並湖之民始有盜湖爲田至九百頃者久之益甚至取其田以歸之官而不知所餘者僅數百畝其利之所入未必盡歸之官而所害凡數千頃蓋湖與堤既廢而水旱之患起既而蕭山磧堰又廢西南諸水徑趨入海而小江與錢清江在郡治西北以受斗門諸堰牐之水者遂壅塞不通斗門八所皆毀雨久則江水逆入内河衆流併入玉山斗門宣洩不通而郡又有浸淫之患天順間爲郡者嘗横江建白馬牐以遏上水俾入江北其意本以濟旱而江愈淺隘時遇暴漲則徧決江塘水退募工修築反復勞擾寢妨農時而民尤受弊成化癸巳太守戴侯來知府事宣

上德意問民疾苦時有以水利言者咨諏而審度之乃浩歎曰水土本天地自然之利以養民者也而反以害民吾其可坐視乎夫馬臻之築堤障湖水也趙彦倓之修塘防海水也今水勢高下與古不同而猶襲故跡而欲望收效於今詎可得乎於是相地之宜順水之性於小江南北建牐四所曰新竈柘林扁拖夾蓬以泄二邑之水又於蕭山邑境建龕山斗門一所以殺西水以乙未八月始事訖工于丙申十二月取財用于公帑羨餘之錢役工徒于水利所及之民人有豐登之望而不知勞公有租賦之入而不加費蓋水患頓息而歲計有成一舉而上下兩得者也牐成予友監察御史陳公直夫以書來南雍道其民之意屬予爲記予惟鑑湖之利害昔人嘗有定論矣以爲公上不利絲毫之賦守令不恤豪右之民毋惑于紛紛之議毋付之悠悠之事如是夫何患乎利不興害不除侯其庶幾於是也不然自熙寧迄今閱幾百年爲郡者經幾何人而卒未有能爲之者大抵施小惠者

以民勞爲辭恤浮議者以公費爲解而侯獨奮然
以興利除害爲已任而他無所顧忌以故能保成
功而開永圖是誠不可無述以告之來者俾無蹈
前人之失以引爲後日之利斯可也侯名琥字廷
節饒之浮梁世胄由監察御史出守其雄才卓
識在郡多所建復而斯役也又特其一事云　顧
其時力之所未及庸有待於善繼者或謂閘以速成石檻尚未
平密且木板猶有滲泄今宜于旱乾之候繕治石
檻更易木板板中實以上勿令滲泄方爲永利其
土塘宜于兩涯甃以堅石
以防潰決備塘猶不可廢良有司因其迹勿壞其
緒振緝而使之大備焉越之人將萬世永賴之也

至於官塘舊名新堤卽運道塘在縣西一十里自
迎恩門起至蕭山界唐觀察使孟簡所
築明弘治間知縣李
良重修甃以堅石南塘卽鑑湖塘自府城南偏
門西至黄陵斗門六十

里漢太守馬臻所築以捍湖水者也有十一堰五閘今堰閘或通或塞或爲橋往往爲居民填佔嘉靖十七年知府湯紹恩改築水溡東西橫亘百餘里遂爲通衢

界塘在縣西七十里唐垂拱二年築與蕭山分界故名

昌安塘在縣東北十里昌安門外直抵三江海口三十里洪武二十年築城三江因爲堤塘置舘舍焉

西小江塘在縣西北三十里宋嘉定間太守趙彥倓築以禦小江潮汐

大江堤去縣西南一百餘里郎臨浦壩每遇江水漲漫則溢入爲山會蕭三縣之患或者謂宜帖堤内矴椿閣木砌巨石而高築之**則障民田通行旅固不可弗繕治其後**

海塘去縣北四十里亘清風安昌兩鄉宋嘉定六年潰决五千餘丈田廬漂沒轉移者二萬餘戸斥鹵漸壞七萬餘畝守趙彥倓請于朝頒降緡錢殆十萬米六千餘石重築並修補焉起湯灣迄于王家浦共六千一百二十丈甃以堅石者三之一明萬

曆二年白洋口塘稍圯知縣徐貞明又修築之則所以禦風濤捍潮汐民之免於魚鱉者胥此也時省而甃築不廢非海邑之大防乎夫鏡湖不可復矣講是三者益不必鏡湖而利甚溥也予爲邦士計敘其簡且要者著于篇俾言水利者緣舊而爲功勿徒紛擾云爾

閘

朱儲閘在縣北三十里唐貞元初觀察使皇甫政建宋嘉定間郡守趙彥倓以潮水爲患築塘包絶

甲蓬閘在縣北三十五里扁拖閘之東北

新竈閘　柘林閘在縣北三十里並郡守戴琥所建因小江漲塞久廢惟甲蓬閘尚存

顧埭閘在縣西北四十里久廢

白馬山閘在縣西北四十五里白馬山麓天順初郡守彭誼所建今廢

錢清閘在縣西五十里釣橋之右

捨浦閘　鄭家閘並在新安鄉三十八里九都地方

柳塘閘在縣西七十里天樂鄉

九眼閘在縣西五十里錢清江南元時居民所建

廣陵閘在縣西六十四里漢郡守馬臻所建今改爲橋

新涇閘在縣西四十六里抱姑之左九眼之北
唐太和七年浙東觀察司使陸亘所建

白溇閘　柯山閘　三山閘俱在鑑湖之西湖
廢爲田今皆湮没

清水閘在縣西一十五里自朱儲
以下十七閘俱名存實廢

三江閘上有張帝祠祠後有湯侯生祠歲久閘稍
壞萬曆十二年知府蕭良幹增修又置沙田九十
二畝草蕩一區徵租於府備修治（知府蕭良幹三江閘見行事宜）

一閘之啓閉以中田爲準定立水則于三江平瀾
處以金木水火土爲則如水至金字脚各洞盡開
至木字脚開十六洞至水字脚開八洞夏至火字
頭築冬至土字頭築閘夫照則啓閉不許稽延時
刻仍建水則于府治東佑聖觀并老則水牌上下
相同以防欺蔽　一閘務俱屬三江巡檢帶管遇

水消長卽驗則督令閘夫以期啟閉　一閘兩旁二洞向來設不開葢二十四洞自足洩水近岸詰壞故也今築爲常平閘兩邊各二洞以水當蓄處爲准水過則任其流庶有雨而水不漲　一閘夫山陰八名會稽三名每名工食三兩遇閏加銀二錢五分水洩後閉閘用土築塞每築一洞工食銀八錢凡放閘務到底不許留板凡築閘務堅密不許滲漏違者抑其工食仍究治　一漁戶往時率通同閘夫暗起閘板致洩水利及爭執洞口致有磕損今定漁戶籍口在官止許於大閘裏河扳罾不許近閘口磕損及暗開作弊違者漁戶閘夫並治罪仍責令修理漁戶定有名籍每名輸銀一錢五分貯司以備整脩葢板之用　一附閘沙田一百二畝三分三厘九毫坐落山陰四十四都二啚才字號除撥十畝與湯祠僧種收支用外餘俱與閘夫佃種每年納租二十五兩三錢七分五厘三毫于內納糧差八兩外淨銀一十七兩三錢七分五厘三毫又草蕩一所每年納租五兩共銀二十

二兩三錢七分五厘三毫徵收府庫另貯一厘以備異日脩閘之費積有多餘止供塘閘水利取用不得別支（張元忭脩閘記）錄紹興府志（侍郎謝丕詩）十里長堤障百川豐功何止萬人緣迢遞星漢印青野蜿蜒蛟龍卧紫烟一柱謾高羊祜石三江應小范公泉海翁亦喜沾遺澤秉筆頻書大有年

崇禎六年郡守黃公綱重脩河南光州人會稽余武貞公煌記之

山西小閘蕭公初修大閘續建山西小閘戊申秋應宿大閘海沙壅塞淫雨積水山陰白洋黨山安昌等村凡四都地尤窪下水沒稻上盈尺民情洶洶議開山西小閘三洞而近閘居民因地有妨害阻之終以私不勝公寡不敵衆久廢仍開自後照大閘同時如法啟閉（朱忠定公恒岳碑記云）地近而流駛可備非常四都緩急呼吸相通此閘不廢江北永無沉溺之患惜爲近地居民陰

圖毀塞雖經開濬百計中傷又兼中鄉人戶慮水洩過多有礙高田倡言當塞不知山西閘匾匾三洞耳使山西洩水先三江而啟後三江而閉誠有過洩之虞若同時啟閉總以則水爲準有速乾之利無過洩之害高田何礙乎惟修舉新舊兩閘清閘河禁塡塞還田地永備閘夫工食則三縣并四都俱有賴矣

眞武殿閘在縣西六十里夏履橋二里許土名長墩坂溪深田高建閘灌溉田三千七百畝故時無旱潦患其後上流渠壅閘今廢

猫山閘麻溪壩築後而上下盈湖之田益苦于江潮水灌嘉靖年間始築猫山閘至崇禎時鄉宦劉宗周增修之而潮水可禦上下盈湖田賴以有收

壩

臨浦壩宣德中太守某築以斷西江之水凡以保全内地其半屬蕭山俗稱麻溪大壩而麻溪爲小壩云

麻溪壩成化年間郡侯戴琥築于天樂鄉四十一都之地以捍外水之入而山會蕭三縣之患稍息崇禎年間鄉宦劉宗周余煌等增修之益盡蓄洩之利而民便之上有晏公廟

塘

狹搽湖避風塘（會稽善士張賢臣所築有記）湖周圍四十里傍湖而居者二十餘村舟楫往來之孔道也其湖西一帶尤子午之衝涉湖者中流遇風多淹没而死明天啟年間有石工某者舟覆獲救免薙髮爲僧立愿築石塘以避風且自斷其臂誓必成成功募十餘年無百分之一抑欝以死崇禎間會稽善士張賢臣號思溪者聞而愍焉即鳩工築塘度自南至北長四千餘丈爲橋

者三乃罄貲鬻產以成之費石料工食六千餘金歷五載有奇而塘始竣自後波患既息舟得挽縴行而塘之内更饒菱芡魚蒲之利邑人感其德立祠于塘南置田歲祀之

七眼橋石塘 亦張賢臣所築

五里洋官塘 里人募修其塘益堅

中塘 由西郭門至蕭山縣共百里自湛然僧修葺後路久傾圮康熙年間邑庠生余國瑞號涵赤捐田四十畝銀二百兩同僧集宗竭力倡修遠近樂輸萬餘金八載功成刻修塘彚志詳載事實

丈午村塘 在縣西北五十里康熙九年六月十九日被颶風霪雨衝倒二十餘丈日漸深濶知縣鍾祥高登先隨親詣督築不避風雨烈日身先作勞

至溺水中五閱月甫得完工自捐石料三千餘丈計銀四百餘金又因滲漏未止本縣復于康熙十年三月再詣督修取泥沙填實共用夫七千五百餘工給工食銀三百五十餘兩將內河填濶六丈有餘上造三官殿鎮之

堰

錢清堰　去縣西北五十里嘉泰元年置先是小江南北岸各一堰官舟行旅泝沂往來者如織今因築白馬閘潮汐不至乃去之以通南北運河

抱姑堰　去縣西北五十里內總大河外臨小江古人築此以障潮汐然低小易潰或有小水

遂致淹沒往來病涉宜用椿石疊砌庶免崩坍

南堰去縣一里　賓舍堰　童家堰　葉家堰

新閘堰洪武間改爲壩　蔡家堰　越王堰　沉釀堰

湖桑堰　三江堰　中堰

石堰並在郡城西湖塘上瀦蓄湖水今因湖廢俱改爲橋

白樓堰去縣西四里常禧門外堰西有則水牌

廣巖堰去府城西北官道上今改爲橋

吳滬堰去縣四十五里一名王婆堰　漁後堰　鴨賽堰

西墟堰　蜀阜堰　華舍堰　姚衕堰

抱盆堰並在縣西小江南塘上蓄泄塘南之水先因江塞俱廢今建橋

余家堰並在西小江北塘蓄泄塘北之水先因江塞俱廢今建閘

三江門外堰去縣東北七里堰之北有則水牌

甲瀆堰　安昌堰

附明劉宗周天樂水利議

山陰之西南接壤蕭山曰天樂鄉隸四十都四十一二三都凡四都世稱荒鄉而四十一二都之間特甚爲田三萬七千畝有奇計歲入不足當湖鄉五之一至有比歲不粒登者居民苦之故老相傳詩曰天付吾鄉樂虛名實可羞荒田無出產野岸不通舟旱潦年年有科差疊疊愁世情多戀土空白幾人頭讀之可涕夫天鄉之卒爲荒鄉者非徒坐天時地利葢亦人事之缺陷也按越中形勝千巖萬壑外遶東西兩江而北襟大海東江在會

稽外界不具論西江則自東陽發源歷浦江諸暨蕭山山陰至三江所口以出海住者山會中鑑湖以北皆潮汐出沒之區又有西江一水以合之故全越皆爲水鄉迨漢築南塘唐築斗門沿江諸閘入我明築三江大閘漸出而拒海海潮遂不得越三江一步而西江之水巳包舉于內地矣夫西江積五縣之水包舉內地將驟決三江而不可得也勢必以山會蕭三縣爲壑于是宣德中有太守某者相西江上有開磧堰口徑達之錢塘大江仍築壩臨浦以斷內趨之故道自此內地水勢始殺獨臨浦以上有猫山嘴一帶江塘未築江流反得挾海潮而進合之麻溪橫入內地爲患亘溯故後人復築麻溪一壩以障之相傳設有厲禁曰磧堰永不可塞麻溪永不可開凡以謀內地萬全如是或曰麻溪卽栢臨浦而言至今臨浦壩稱麻溪大壩而麻溪爲小壩云然自麻溪有壩一溪之水不得不改從猫山以合外江矣當春夏雨集之日山洪驟發外江潮汐復與之會有進無退相持十餘日

天鄉之民盡爲魚鱉安望此三萬七千畝尚有農事乎況又有旱乾以虐之生是十年九荒信有如昔人所慮者至嘉靖中始建猫山閘以司啓閉萬曆中土人復自猫山嘴至鄭家山嘴築大塘永捍江流不使內犯而內水仍不可以時洩其禍未解也夫此一鄉者爲三縣故而受災則亦付之無可奈何者也而豈知其事有不盡然者前人之策所爲覩其一未覩其二也今請遂言補救之策曰上策莫如移壩中策莫如改壩下策莫如塞壩霪何謂移壩麻溪之有壩也原以備外江非備天樂一溪之水也但三江未閘之先內地水患不常故割尺則尺割寸則寸不免并置麻溪于度外及既閘之後紹興千巖萬壑同出三江獨多此麻溪一派流乎麻溪遡源趙家橋凡十五里踰壩入內河不過天鄉都半之水以之均分三縣詎盈一籌又日夜通流以出三江萬不足爲三縣害則一壩之役何爲者乎而說者謂猫山閘不足恃所慮仍在外江夫猫山果不足恃莫若撤麻溪之壩移壩猫山

猶山永無衝決之虞而內地之萬全如故天鄉三
萬七千畝一朝而成沃壤矣且壩下仍通霪口可
以節旱潦其利雖不能普之三縣而天鄉獨受之
洵稱天府之樂鄉故曰上策也何謂改壩越人久
習麻溪永不可開之說以爲一開灞則三縣之禍
不旋踵訛以傳訛迄于今日屢費富事苦心無已
請從原壩稍改其制壩故有霪洞高廣四尺今第
加廣三尺高倍之爲通流水道遇雨集之日天鄉
之水從七尺霪口約束而入其流有漸不至全河
一決使內地有暴漲之虞需之數日潮汛漸平又
可轉決猶山以去此雖于天鄉之水不能一朝盡
拔乎而勢已少殺霪潦之患亦可減其六七故曰
中策也何謂塞壩霪謂移壩與改壩均之有內地
之虞者將必使壩外之水涓勺不入內地而後可
則霪洞之設何爲查此霪乃壩內之民私開之以
爲利者故其啓閉一聽之壩內潦則閉之使勺水
不洩于內旱則啓之使勺水不留于外免哉此一
方民至此極乎今若遂塞此霪適還其故制而止

遇潦之日一方之民亦既甘受其禍矣遇旱之年猶得酌彼西江存此涸鮒而無如壩以內終稱不便也夫同一天鄉而處壩內者近有以此窪洞永無旱乾水溢之虞故荒郊已改爲樂土厥田上上而科糧則一體天鄉從下下以視壩外之民可爲偏枯之極矣今但捐壩內之全利以紓壩外之全害酌盈濟虛香火之情何獨不然語至此而情愈出于無聊故曰下策也過此以往仍舊貫焉耳以土田日荒以人民日困以盜賊日繁以錢糧日逋斯稱無策將白頭之歎何時已乎雖然此特爲一鄉言利害而未及乎三縣之大利大害也三縣命脈全恃三江爲咽喉倘三江一決而不守旬日之間三縣皆平陸故昔人曰越可決即如前歲亢旱河流盡涸農人艱于桔槔岌岌乎有秋之無望矣越雖千巖萬壑而水源出秦望以南不過二十里一雨即淹一亢即涸其勢然也幸而前人開積堰以通外江矣誠能加築猶山之閘令其堅好如三江啓閉每遇春夏以前用土築閘既堅壁以絕江

潮望六以後遇旱則啓使一日兩潮源源而入以引灌三縣枯槁之田其爲利孰大于是即一日地方有事至于失三江之險猶有猫山一路可恃以無坐困冀萬世之長策也

附天樂荒鄉詳院恤免碑記河南道御史姜圖南撰

曰邑誌山陰之田爲鄉者五荒者二曰天樂荒鄉曰江北荒鄉鄉之爲都都者四十七有奇而荒者八天樂則自四十都至四十三都江北則自四十四都至四十七都天樂處諸鄉之嶺外壤最瘠受溪洪洎暨江小江浸灌二秋往往弗登較江北爲甚成化郡大夫戴公琥決磧磁築麻溪于四十一都之地三縣江害似稍息然天樂壩外之潮壩內之溪洪害如故也余嘗過天樂周覽形勢見麻溪所爲二道一從猫山閘出一從壩之涇洞出全乎上下溫湖者四十二都也跨壩內外者四十一都也巖巠窿疊各自成患者四十都四十三都也由是觀之壩內一都半壩外兩都半荒谿瞭若指

掌則天樂之荒原不因壩之有無而始名也嘉靖泰典何公履畝定賦標五鄉四則灼玫壩內荒縣溪洪壩外荒縣江潮故天樂四都列下下則焉凡昔有事茲土者軫厥荒免徭減役著爲令先達部來咸有記邇以暨江爲征閩孔道　督臺檄山陰建浮橋濟師諸里遞畏弗前爭援諉　閣郡而當事以橋地坐天樂又刻期迫遂嚴促四都費不貲趨命蓋江波險濶巨艦爲梁環鐵爲維則經始難而日蒸損潮汐衝潰浹年必修三年更造則經久難更風急浪高漂碎不測歲餼橋夫二十四人以守覩凡皆四都力役也　松交顧侯惻然憫念因會議酌裁具詳　兩院令天樂四都免值浮橋差准蠲一切以恤其苦誠以荒都而膺橋差繁重業不支何堪再困此亦萬不獲已之苦心也及後蘭汀常公綰綬至荒民患胥奸弊以立石請　侯軫荒都如顧侯力爲陳請　御史臺暘谷王公下　觀察使介菴朱公轉下郡邑覈舊例以報　御史臺王公曰可共如例一切恤免勒之石庶胥罔奸垂

遠靡斁民用弗瘉　公與　侯德懋哉
順治十四年歲次丁酉三月　日立至今康熙
辛亥年里遞士民李枝玉張季偉等具呈　本府
批入縣志永爲定制云

附江北荒鄉蠲免重差碑記本縣知縣劉應斌撰

記曰郡城北四十里曰四十四都江北之第一里也襟山帶海土田斥鹵而磽瘠之最尤者也民生其間旱潦頻呼守土者雖時行軫恤而救荒無策然亦將舉焉而不克者明季邑令錢君苦心擘畫特爲通盤打算荒熟均分蠲免南糧重差并雜項徭役著定刊書是葢本諸縣志而例同天樂善政之及民固如此
清朝定鼎民物維新里遞傳霖潘源等深慮牛角馬草船夫雜差賦役紛擾向隅徒悲順治六年哀控
按院趙　懇求勒石永誌前任顧君詳允在案久未舉行余下車未朞雖不敢自期于古之循吏然因民而施政有餘者損之不足者補之扶衰起敝

順其風俗之宜卽召諸里遞而詰其故咸以貧困交併艱于措石告嗟嗟夫事止于自治而無外擾財止于自足而無外奉則雖貧可以爲富困可以爲佚也一石幾何致前哲之巇孅不克亟爲表樹而時久歲遲俾後之長吏湮沒無攷此又余今日之責也爰屬貞珉用垂不朽云

按江田貼近邊海洪潮汎溢鹹水衝入內河或淹漬于未種方種耕耨莫施霪雨連綿田窪易于登岸或蕩沒于將收未收腐朽殆盡且自湯公建閘之後水路離遠三十餘里水口必由馬鞍寺橋道西而轉河道繞山紆洄日久一遇水災春花秋實俱成畫餅又前山後海河道僅通一線每遇天道亢暘水未及旬日其涸立待田屬沙磧禾苗易焦而二萬三千有奇之田僅抵　國課閘上官田一百二十畝凡屬錢糧幇費現年賠貼湯祠春秋二祭府縣祭閘往來公務柵廠俱現里承值　大兵征勦路由海塘修整坍塌患塘動費百金設立本都兩座墩臺置造蒙山頂馬鞍山中屋各五間撥

兵燹望多係里遞供應苦難殫述是以本都糧從下則二畝折一徭役悉從蠲免今至康熙辛亥年本縣重修邑志里遞潘文丁同倫等又具呈本府載入縣誌附水利志之末

水利志終

水利志終

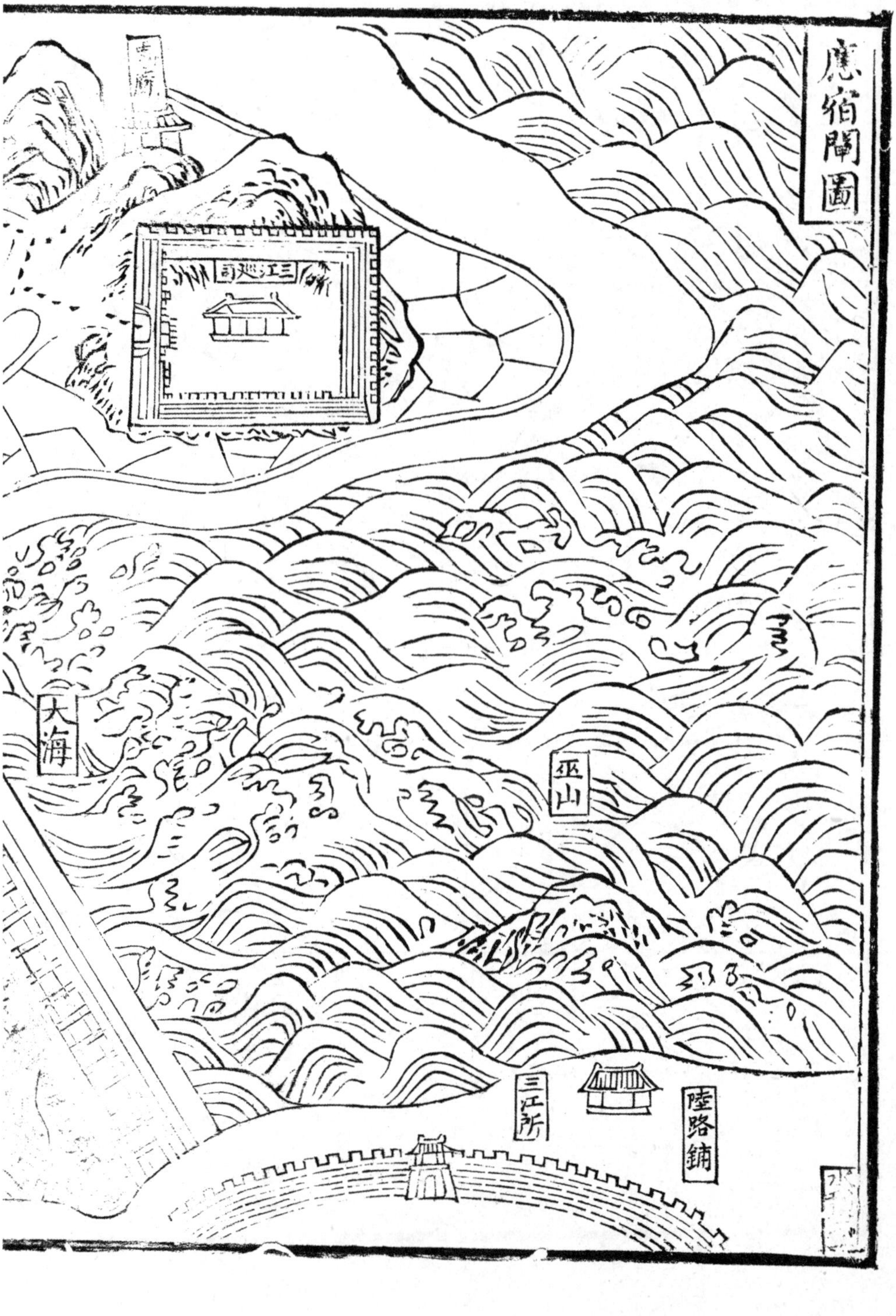
應宿閘圖
三江巡司
大海
巫山
三江所
陸路鋪

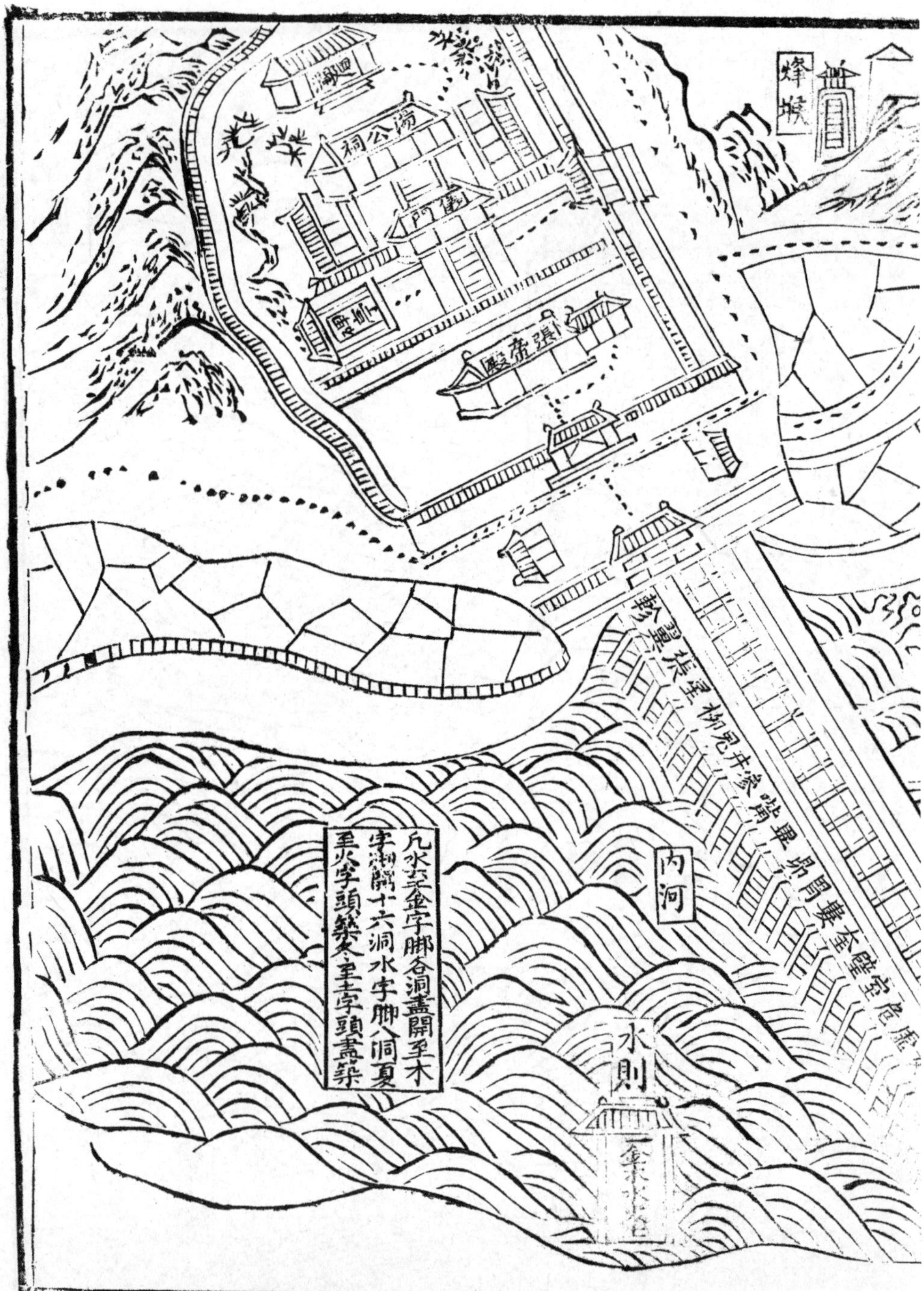
烽堠
迴瀾
湯公祠
儀門
張帝殿
軫翼張星柳鬼井參觜畢昴胃婁奎壁室危虛
內河
凡水至金字脚各洞盡開至木字脚開十六洞水字脚八洞夏至火字頭築冬至土字頭盡築
水則
金木水火土

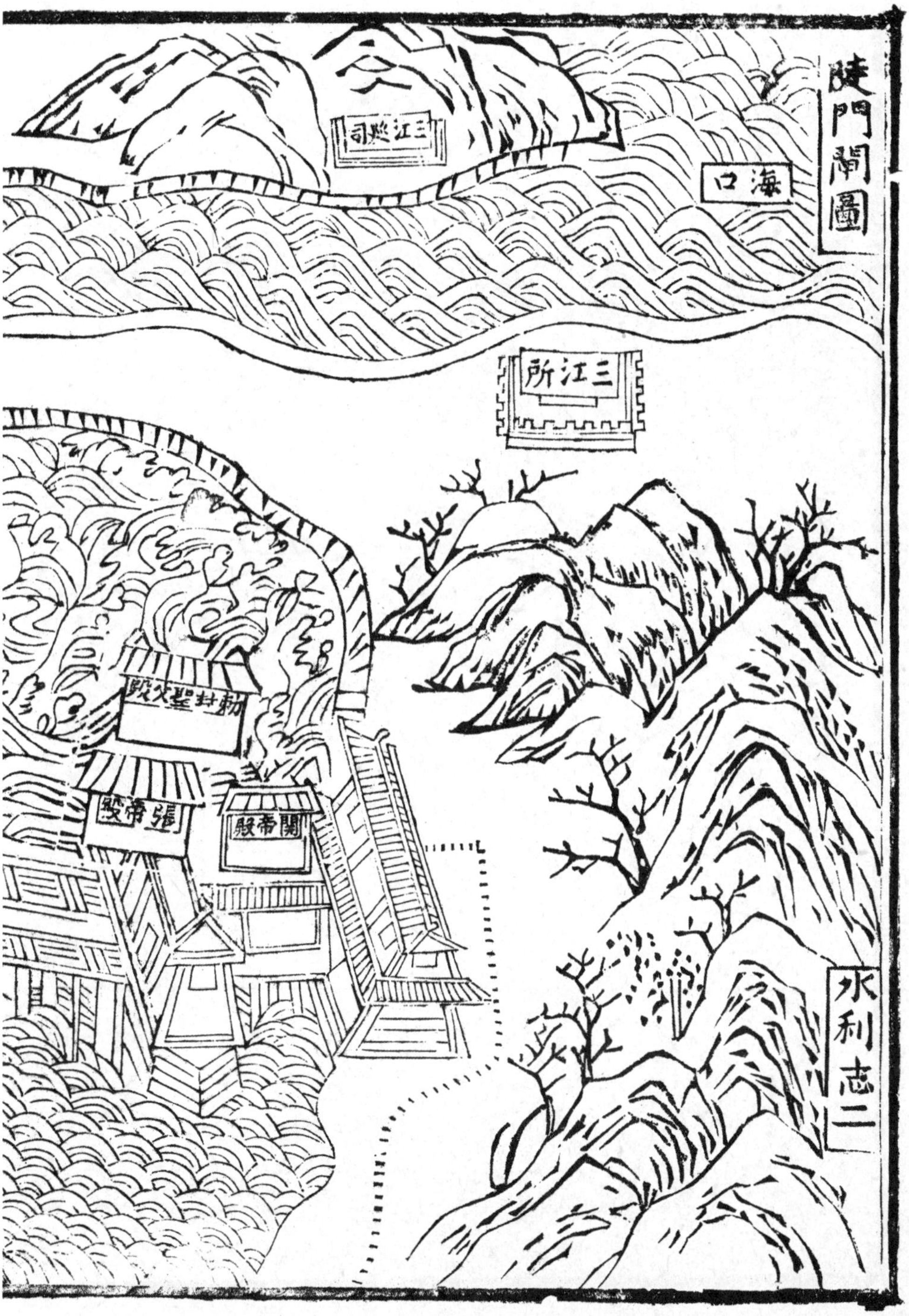
陡門閘圖
三江巡司
海口
三江所
勅封聖父殿
張帝殿
關帝殿
水利志二

文昌祠
古大悲閣
北極殿
都土穀祠

山陰縣志卷第十三

學校志

學制　祭器　典籍　書院　社學　崇祀

國家右文崇儒郡邑無遠邇大小靡不立學校明禮教者矧山陰文獻地乎詳其事而紀述之俾職司知所重焉紀載之辭雖繁而不殺者存制也制備而教化之次第可考而知矣書院者所以輔翼爲教而社學亦其始基也故附書於左亦曰待人而行爾

〔補〕學校之設匪以爲文而已明制凡百職之官非出自科目者不輕舉用學校亦綦重哉古者立教必先三物六行以鄉祭酒廣其教亦能使一鄉嚮化況官爲學師有訓廸之責而可弗亟於育才與行乎然擇名師以端士習先躬修以厚化源尤從長吏始

學制

學制與治道相爲隆替自唐季五代喪亂學官盡廢宋天聖初始命藩郡立學而州縣之學尚未興

也慶曆中范仲淹輔政議興州縣學而卒不果行崇寧中乃著爲令詔縣學以時選試升其尤於州學凡縣學設學長學諭直學齋長齋諭各一人生員五十人山陰始肇學於城西南隅在縣治柴塲坊陽堂山東北今仍宋制不易以處多士學宫既設教養選試之法於是大備嘉定十六年縣令趙汝駉重修之詔捐緡錢三十萬以助其費元至正年間縣令賈棟達魯花赤定定君輔復增葺焉備載李孝光孔季年燬瀛劉基記中於兵燹寓諸生於邑之稽山書院明興詔廢直學

齋諭諸職乃建教諭一人訓導二人吏一人廩膳生員二十人附學生員無定額洪武二年詔重學校及鐫設科分教令式於學仍降臥碑制書頒鄉射禮儀于學宮時學舍尤廢不治十一年知縣撒都魯丁始即故址大新之成化十一年郡守戴琥購民居以拓其制載陸淵之李東陽記中弘治九年知縣李良重爲裒廣學基深廣詳載疆域志本學廟門別有碑圖建明倫堂正德間知縣顧鐸嘉靖初知縣吴瀛復購民居以闢故址載王守仁記中嘉靖十八年知府湯紹恩移鮑府

君祠拓地以開障塞祠舊在戟門之前隆慶元年知縣楊家相復加崇葺具所撰記視昔益加宏濶矣萬曆二十四年山陰縣令耿庭栢重修山陰縣學大學士朱賡撰記天啟五年殿廡復圮山陰令馬如蛟修之煥然一新又建文昌閣於集賢門内

國朝順治四年啟聖宮傾頽署縣陳本厚增修之康熙二年殿廡明倫堂盡頽會稽學貢生劉匡之捐貲數百金本學廪生沈麟趾等力爲修復康熙七八年殿復壞山陰令湖廣高登先捐俸重修教諭

高基重暨劉匡之沈麟趾再襄其事本學貢監虞卿助貲百餘金乃落成自是科貢每多英雋之士論人才者以是學爲首稱焉

先師廟居學宮之中三間後壁有登科題名記左右爲兩廡各十間舊有像今革用主歲春秋釋奠少殺郡學儀由甬路而南爲戟門三間門之左爲名宦祠鄉賢祠三間門外爲泮池又南爲欞星門門之左爲學門三間門內折而東嘉靖十年知縣劉昺奉制剏建啟聖公祠三間祠門外差北爲明御製敬一碑亭　先師廟後

爲明倫堂三間再後爲會膳之所歲久就圮堂之左
爲克己齋後改富有齋三間齋右側爲學倉五間堂之
右爲存心齋後改日新齋三間由齋之左折而北爲
射圃圃有亭三間左右列諸生號房各六間其教諭
廨在于明倫堂之東而訓導廨一在啟聖公祠後
一在會膳堂之右北各有門有廳有寢室總三十五間
元至正二年重修山陰縣學孔瀛撰記紹興之屬曰山陰傅
郡爲縣始未有學宋崇寧中肇度地于城之西南
隅以處士子當玉笥之陰鏡湖之陽山川面勢衍
曠秀鬱其弟子員恒數十而祁國正獻杜公由是
而出焉然其剏始間陋又附于郡庠無崇大之規

且力不能爲崇且大也故其殿堂齋廡湫隘爲甚
江南内附浙東憲使東萊王公　徹而新之視昔
旣有加焉閱數十年風雨漂剝甍棟騫圮未有能
起其廢者至元乙卯縣尹賈侯文秀重建講堂餘
皆未竟俄而以代去再更尹而得今賈侯旣謁拜
先聖顧瞻咨嗟大懼失墜教基弗稱厥職乃命縣
博士薛輝度庸掄材庀工而經營焉廪稍不足則
捐已俸爲士民率先人咸樂助而勸成之經始至
正元年冬十月告成于明年夏五月禮殿論堂巍
然翼然儀門泮橋以閎以穹齋廡增起庖湢具修
繚以周垣樹以嘉木土田之歲入者疆理之汚萊
者修闢之其爲學校計甚至也既訖事博士輝書
來求記于余余謂縣附郡而郡既有學矣昔之人
必縣爲之學豈不以守令爲民師帥而學校所以
基化原不可諉諸郡既有學而縣可不務也今賈
侯下車首議興廢補弊使邑之人士藏修有所廪
膳有資相與陶冶率性道于其中而凡民亦皆使
其趨慕而不爲無學之俗其無愧乎師帥之職哉

誠求允蹈以無負邑大夫興復之功期稱乎士之自勵焉葉侯名棟字士隆真定人廉明敏惠政事具有嘉績茲不得無書也

元至正五年修山陰儒學李孝光撰記

古者教民以爲治後世則治之而已耳所貴乎教固以能使民躬行孝弟忠信之行而不失其性之本善是故政陳而不犯刑設而不用周官以鄉三物教萬民夫既曰萬民是舉天下之民而教之也仁聖忠和焉得人人學而至加之行修而藝精雖有子貢之辯季路之勇不能復進於此令使上自國都下至田廬之民無不學學無不習不已難乎是不然夫楚人可使齊語者習也當是時教素修學素講凡民内事父兄出事師友取其詁言觀其行事幼而濡染耳目長而被服終其身未有不由此者矧夫賢智又皆被推擇布列在位有所風厲彼有學而不至雖不得與賢智並亦既飫聞其說而喻其意矣此與不

教者孰爲愈弟令爲善者什九爲不善者什一其
不爲善者有政以待之此先王所以教民之效
刑獄減而頌聲作教之已久也矧民彝固然自秦
滅學其法遂壞至漢興久之始除挾書之律孝武
時黜百家之言勸學興禮雖法度粗舉然教民之
制不復修由唐及宋學制漸盛推其所教非復古
者教之之意而士率試詞藝以利仕進欲其如三
代盛際延之於道德之途游之於仁義之域使皆
有以成德制行以爲國家之光則未也元世祖皇
帝既有天下詔郡國樹學民占籍弟子員者拔其
賢俊而用之蓋復治古之制矣是時郡縣方興庠
序之事山陰縣學在故縣南故宋時丞相衍少嘗
受業其中及已貴一爲修樹至是始復起其後有
司歲修之尋即權圮至正五年監學縣廉君從政
來謁拜學宮周視嘆曰我且修學校之政校室其
可不修乎即日率吏止廟門下鈎計功賦又出圭
田之粟爲錢五百緡以倡教諭徐謙者士趙由鏞
使督其成謙亦捐所食粟五月訖于是首孔廟爰

及講堂大門東西廡次第以修凡神栖以及祭器列戟之物無不具作更作齋廬以舍弟子又作亭泮水東以爲游息絃歌之地外起垣墉以繚之縣尹趙思道至益趣其成乃議致文學之士助教其弟子事寖有緒者艾若干人屬爲記之余以謂今之有司徒迎上意至則絺繪神位丹雘墻屋以示觀美竊取興學之名居之而不疑惡知教必本誠止爲之基以化民成俗直易易耳矧朱子講求修巳治人之學詳密周徧廣大悉備循而行之其功巳倍患不知所以教徒誘曰空言將何益哉今從政志在教其民推是心足以爲民父母矣

元至正年間重修山陰縣學劉基撰碑

生民以來集大成而聖者莫盛於孔子有天下之廣者莫加於我元世祖皇帝混一區宇在內則立胄監在外則府州若縣莫不有孔子廟而學宮附焉廟以崇孔子之祀學以施孔子之教孔子之道於是大行彌覆載而

無問於戲盛哉古未有也山陰紹興屬縣舊有廟學興替靡常於是寖就廢墜莫能有振者今天子統承丕緒思振廢弛責成效以揚祖宗之大烈乃命宰臣以下各舉良能爲天下守令而以興學校爲考績之目而同知樂平州事定定以令遴爲山陰縣達魯花赤君至首謁廟詢學事大畧無以稱上意亟圖治之適海淮寇迭發吏民方洶湧奔走供戎事不暇衆咸以爲難君曰學校所以明教化教化不明彝倫攸斁而後盜賊生焉豈無故哉吾聞植顛木者必築其根人有疾病湯藥雖所急亦不以廢食其可以荆棘廢教化哉時教諭方鈌員乃詢于衆舉儒士黄本攝學官事出俸錢俾修餙其廟宇以及學舍自梁棟榱桷至于瓦甓之毀弗式者咸易新之於是傾者立衰者正隘者豁鈌者完卑者增危者固擔甍墻壁丹堊有輝幃幙器用無不備具君曰此特觀美耳未及實效也乃擿豪右所占田悉歸而徵其入以爲弟子食擇老成以爲之師俾鄉黨之俊秀咸入學肄業越朔望相

謁禮畢集生徒講經術論道理開陳孝弟忠信勸者莫不喜悅以爲教化之有成於兹縣也縣之人相率來言于劉基請敘而勒諸石基嘗歎今之從政者率多尚文具而學校尤甚能治其實以欽承天子意者葢不多見也若定定君之令山陰獨知所先務矣黄君又能相而成之是可嘉也故爲述其事而繼以詩定定君字君輔畏兀氏黄君字中立紹興人詩曰大哉孔子萬世之師明明學宫教化所基聖神御極於皇緝熙大道之行允也其時人存政舉曷問隆卑一邑忠信四方則之立政維君奉宣維臣教皷既均靡獷弗馴能知所先是曰賢令勒詞穹碑瞻者起敬

明成化十三年重修山陰縣學文廟陸淵之撰記

重建山陰廟學者吾郡浮梁戴侯也學始於宋崇寧中當郡城西南偏有鏡湖玉笥峯之勝中更廢壞前後爲郡縣者屢加葺焉以湫隘之甚布列無次弗稱具瞻也侯下車覽之興歎既三年適右方

伯杜公提學憲副胡公至亦皆以是言命邑令盧
陵蕭君惠董其事初址僅四之二傍有民土從其
願以價收之而士民有尚義者相之方廣可以規
畫於是乎次第而鼎新焉經始於成化乙未春正
月越二年丁酉仲冬落成禮殿四周以石柱與左
右廡皆靜絜尊嚴神有所棲明倫堂兩齋諸號舍
亦皆整然修好而倉庫無復逼講堂饌堂無復壓
西齋櫺星門無復枕民居行道無復侵渠水去卑
爲崇脫晦爲明敞汚陋爲弘敞教諭番陽嚴君彪
僉謂侯之功與作者等不可以無述故記之嗚呼
學校之設尚矣詩書禮樂彝倫教化胥此出焉明
朝稽古右文於兩京國學外無一郡邑無之豈徒
然哉而爲之師者或未能知所以教爲之弟子者
或未能知所以學古人謂舉業未盡學者事而世
之師弟子能以此相磨厲則賢矣況利接乎益重
可悲也師道立而善人多師有曰吾果能師乎豪
傑之士雖無文王猶興弟子有曰吾果能豪傑乎
如是則九重宵寐之意爲不孤矣然其機在爲政

者之轉移也何也待之厚責之隆動之以至誠彼將曰我何以塞其意哉必甚不肖者然後塊爾不動其動者恒十之七八也待之不厚責之不隆動之不以至誠宜學校之未振也侯來首興學校政暇卽詣學公課試嚴勸懲慨然欲敦復古道變化風俗其於賢師弟子有以待之有以責之有以動之矣自兹以往將誰任其咎哉雖然朱杜祁公亦是學弟子員也嘗病浙人柔弱不知今日士氣視祁公時何如其必於舉業之餘以七分工夫從事于古學如紫陽所論相與引導輔翼羣然樹立爲來日擔當天下堯舜君民之具以無負侯之心可也易曰天行健君子以自强不息敢爲諸君誦之是爲

記

成化十三年修學李東陽撰記

成化乙未春正月知紹興府浮梁戴廷節重修山陰縣廟學越二年丁酉成先是學舍湫陋縣人周侯鈍倡于鄉士圖以私財修之旣而

有長沙之命未果也教諭嚴君彪實告于戴侯侯曰噫惡可以壓我大夫士是惟我責其不可以緩乃取于官之羸者若干緡庀會財物而後從事分屬吏士而躬督戒之闢地崇址務加于昔殿廡庭陛堂室廨舍以及囷庾庖湢之類皆弘舊規而增新觀越旣竣事乃大會僚士燕于其堂而落之周侯聞之喜曰是惟吾大夫之德其在我者亦不可以後乃因國子生向君種貽書于余俾記成績刻石長沙沿江踰浙而致于山陰之學焉夫學校者凡以設興教化爲務學必有廟以尊顯聖道示教化之所自出士之所以感激趣向以成其學者亦於此乎繫政之大不可闕者然以今天下地方萬里人才不可殫計其勢莫能遍故千數百里之府若州百里之縣莫不有學縣之隸府治者則並置焉雖繁且複不以爲過法亦備矣紹興之境有縣二山陰會稽三學並置人才科目于斯爲盛戴侯首舉鄉射禮于府學又拯縣學之敝起而圖之左右經畫汲汲若不暇此其爲政非簿書條格比也

夫物久則敝法久則弛情久則玩天下之同然也故修于將敝者其功易救于既敝者其功難至籩豆幣爵之儀獻奠歌舞之節皆所以事乎廟衣冠典籍之數升降揖遜之序啟廸程校賞罰黜陟之令皆所以事乎學及是時灌滌振厲亟起而並新之躬行以倡于上允蹈以從于下持久以要乎其成者是非其慎終維始之幾乎余聞御史陳君直夫言戴侯愷悌勤恤有古良吏風典廢舉墜此其大者信周侯之言不誣矣周侯吾賢大夫政教明肅嘗爲福州有遺愛在民又能先意鄉學不遺二郡侯之德皆可書也初戴侯圖鄉射於府余用推官蔣君宗誼請爲記且於周侯猶侯之於戴侯也重爲感其

義而書之

嘉靖二年重修山陰學王守仁撰記

山陰之學歲久彌敝教諭汪君瀚訓導熊君新劉君鳳鳴以謀于縣尹顧君鐸而一新之請所以詔士之言于予時予方在疚

辭未有以告也已而顧君入爲秋官郎洛陽吳君瀛來代復增其所未備而申前之請昔予官留都因京兆之請祀其學而嘗有其說矣其大意以爲朝廷之所以養士者不專于舉業而實望之以聖賢之學今殿廡堂舍拓而輯之餼廩條教具而察之者是有司之修學也求天下之廣居安宅者而修諸其身焉此爲師爲士者之修學也其時聞者皆惕然有省然于凡所以爲學之說其猶未之及詳焉夫聖人之學心學也學以求其盡心而已堯舜禹之相授受曰人心惟危道心惟微惟精惟一允執厥中道心者率性之謂而未雜于人無聲無臭至微而顯誠之源也人心則雜于人而危矣僞之端矣見孺子之入井而惻隱率性之道也從而納交于其父母焉要譽于其鄉黨焉則人心矣饑而食渴而飲率性之道也從而極滋味之美焉恣口腹之饕焉則人心矣惟一者一於道心也惟精者慮道心不一而或二之以人心也道無不中一於道心而不息是謂允執厥中矣一於道心則存

之無不中而發之無不和是故率是道心而發之於父子也無不親發之於君臣也無不義發之於夫婦長幼朋友也無不別無不序無不信也是謂中節之和天下之達道也放四海而皆準亘古今而不窮天下之人同此心同此性同此達道也舜使契爲司徒而教之以人倫教之以此達道也三代之學皆所以明人倫明之以此達道也當是之時人人君子而比屋可封蓋教者惟以是爲教而學者惟以是爲學也聖人既殁心學晦而人僞行功利訓詁記誦辭章之徒紛沓而起支離决裂歲盛月新相沿相襲各是其非人心日熾而不復知有道心之微間有覺其紕繆而畧知反本求源者則又鬨然指爲禪學而羣訾之嗚呼心學何由而復明乎夫禪之學與聖人之學求其盡心也以天地萬物爲一體也吾之父母親矣而天下有未親者焉吾心未盡也吾之夫婦別矣長幼序矣朋友信矣而天下有未別未序未信者焉吾心未盡也吾之一家飽煖逸樂矣而天下有未飽煖逸樂者

焉其能以親乎義別序信乎吾心未盡也故於是
有紀綱政事之設焉有禮樂教化之施焉凡以裁
成輔相成已成物而求盡吾心焉耳心盡而家以
齊國以治天下以平故聖人之學不出乎盡心禪
之學非不以心爲說然其意以爲是達道也者固
吾之心也吾性不昧吾心于其中則亦已矣而亦
豈必屑屑於其外其外有未當也則亦豈必屑屑
於其內斯亦其所謂盡心者矣而不知已陷於自
私自利之偏是以外人倫遺事物以之獨善或能
之而要之不可以治家國天下蓋聖人之學無人
已無內外一天地萬物以爲心而禪之學起于自
私自利而未免於內外之分斯其所爲異也今之
爲心性之學者而果外人倫遺事物則誠所謂禪
矣使其未嘗外人倫遺事物而專以存心養性爲
事則固聖門精一之學也而可謂之禪乎哉世之
學者承沿其舉業詞章之習以荒穢戕伐其心既
與聖人盡心之學相背而馳日騖日遠莫知其所
底極矣有以心性之說而招之來歸者則顧駭以

爲禪而反仇讐視之不亦大可哀乎夫不自知其爲非而以非人者是舊習之爲蔽而未可遽以爲罪也有知其非者矣藐然視人之非而不以告人者自私者也既告之矣而猶寘然不以自反者自棄者也吾越多豪傑之士其特然無所待而興者爲不少矣而亦容有蔽於舊習者乎故吾因諸君之請而特爲一言之

萬曆二十六年知縣耿庭栢重修儒學大學士朱賡撰　山陰學宮在郡城之西南陬北擁臥龍南屏秦望而鑑湖中千巖萬壑悉羅拱於欞垣之外蕺居然洙泗之勝云嘉隆以來日就傾圮博士弟子肄業其間者願更新之久矣而歲祲用詘莫克脩舉屬邑侯新城耿君庭栢視學慨然身任其責割俸出贖以經始之而侍御馮君應鳳捐槖裝爲鄉士人倡於是諏日之良鳩材庀工凡榱棟之蠹者易之甍甓之缺者補之丹堊之浸漶者飾之

自禮殿堂室以迄廡廨庖湢坊垣之屬無不煒然改觀其爲費官處十四私處十六而侍御實處三焉凡若干緡諸生某某等徵余言紀其事余不敏無甚高論請以故時所聞於先進者爲諸士誦之吾夫子之道載在六經其教人大端不過父子君臣兄弟夫婦朋友五倫而已其教學次第不過博學審問慎思明辨篤行五事而已然而孝弟慈逼於家國淡簡溫臻于篤恭其究至于贊化育而參天地是知庸行非粗性與天道非精身心非近家國天下非遠舍踐履而談覺悟遺本實而語事功非聖人所以爲教也乃今之學者可異焉獵墳典之疑似以誇博襲佛老之口吻以稱奇目未窮古人之糟粕而直指玄微足不履古人之階梯而捷升堂奧語以下學之事不曰迂儒則曰俗學而誰復信之學術如此就使眞有超悟猶不足以治天下國家而又況藉手媒進幷其所談者而弁髦之乎嗟嗟世運關乎士風夫豈細故而比比如是國家其奚賴焉朱子有言聖賢教人之法具存於經

豪傑之士苟知其理之當然而責其身以必然則豈待他人督之而後有所持循哉自今以往願吾黨以豪傑自命者式瞻新構一洗舊汚文必根六經寧實而不漓于浮行必惇五倫寧朴而不滑于譎功必循五事寧漸而不速於化業必參三才寧迂而不近于名一人風之而一邑嚮一邑風之而四方嚮將使後之紀邑乘者曰人文再盛自今日始又使後之司世教者曰學術復明自山陰始則吾邑即今之鄒魯而侯與侍御亦永有令聞哉盍余在事時嘗用斯議陳于上申飭天下之爲師弟子者不啻詳矣故今不能更端而復理前説以望於鄉之豪傑之士雖或蒙迂且俗之誚所不辭焉

康熙七年知縣高登先重修山陰縣學記

建學爲名乎爲實乎必曰爲實也古者天子立辟雍又兼四代之學下及郡邑復遂有序黨有庠家有塾學校之制如此大備也然而學愈多而教愈修歲釋奠不啻五六焉擇師爲之訓分經爲之習而且日省其德

月課其業以至賓賢興能憲老乞言之典燦然具舉若是則上自君公卿大夫下至貴賤家子弟無一人不入乎學四時朝暮無一時不處乎學而翼翼宮墻又焉得頹圮乎沿及後世薄詩書而蔑文教存學之名失學之實邑不過立學官一有司及秉鐸之長僅春秋釋菜朔望致拜焉以至師不識其弟弟不識其師學士之版籍徒記姓名而已於是廣文以齋署爲寒氈弟子借芹遊爲假道廟庭廊廡風雨爲之飄搖鳥鼠爲之穿喙俄焉而棟折榱崩矣俄焉而鞠爲園蔬矣又安足怪哉山陰爲八邑首邦自　國朝以來人文蔚起科名鼎盛學校之爲功也如是弟以閱歲既久而宮殿墻廡漸次零落曩令茲邑者亦屢思振舉矣第以工費浩繁創始維艱每因循以待後人然使後人復待後人學校之典也其何日哉某自下車以來期以隆教化育人才爲首務每朔望詣謁見廟貌未還舊觀蒿目者久之會好義士劉子匡之虞子卿願傾橐貲相助余遂稍捐薄俸力興斯役而廣文高君

基重文學沈子麟趾共朝夕董厥工焉始于康熙戊申之八月落成于己酉之二月堂廡爛然斯飛斯革視昔時規制又加輪奐矣又師舍向僦民居以處高君自出鏹金卽訓導齋基而稍葺之自此講席有寧居而絃誦無作輟多士涵泳其中元元本本日究月研將見敎化以之日與人才以之日茂異時升之司馬布之百職小大各得其人咸謂士之出于山陰也如此山陰士之盛于修學之後也如此則斯役也洵乎爲實而不爲名也夫

題名碑在

聖殿之後明倫堂之前成化十二年南京大理寺卿仁和夏時正撰記（儒學登科題名碑記）洪惟高皇帝六龍初御時天下甫息干戈卽詔建學興賢立師掄秀而敎之敎以五經四書敎以孝悌忠信禮義廉耻敎以禮樂射御書數守

令時其考閱以要其成其取之也必以經明行修非此不取斥去浮文必求夫眞知實踐而於百司庶職之官非科舉士不用仰見篤意賢才政急先務創制立法眞與成周以鄉三物教民而興其德行道義同一揆也夫賢才治平之具也上天生之後之君用之俾安斯民法天啟運以承天心作君師以風四方而四方亦既風動丕應徯志矣而于鼓舞振作之機則又畀之守令以俾收其成效焉蓋將盡四海而囿之以至千萬斯年無一人不在甄陶化育之中所以貽之子孫者宏且遠矣抑嘗因是以求夫禮義廉耻之說也昔齊管仲頗嘗舉以告桓公而不能用何幸千載之後昭爲皇極之敷言永爲治世之典謨歟惟禮義德之大而廉耻其節目宜若小然也然人之志有所止而不前事有所憚而不爲非廉與耻不能也然則取廉耻以惕厲人心則中人以下此非藥之瞑眩也乎是宜敷言之訓細大不遺必使資質庸下者亦得企而勉焉於是其所被也溥且博矣自是以來仁漸義

浹百有餘年養之無不成用之無不興至化行王
道明萬邦寧而凡承流宣化者顯膺乎德意猶丞
丞其末艾也山陰紹興屬邑之壯也山川秀鍾人
文代興而以科目進者至我朝尤盛然于題名則
未之前聞太守浮梁戴侯謂是政教所關不可使
終闕不舉也乃用謀之寮寀若同知黄侯通判齊
矦推官蔣侯咸曰宜之於是稽之載籍採之賢文
通計若干人將以登之貞石乃來告曰代遠人更
寧無遺佚姑爲記之余惟士而明經脩行孰不欲
際所遭逢而孰有如今日右文之盛者哉夫旣登
名薦書亦且錄行四方而茲復遇賢守圖其不朽
有如今日不亦甚榮也哉然非徒榮而已也蓋將
使其聲光氣韻有以動斯人而俾懷賢尚友者知
所感奮而激昂焉由是而有以保吾君已成之化
於不壞則其爲榮也不又大哉夫五經四書六藝
之文今之人皆知習之孝弟忠信禮義廉耻古今
人所同也其有上不負朝廷篤意賢才之盛心下
不負賢守鼓舞作興之美事決意而往無讓前人

亦存乎其人而

已矣是爲記

祭器

舊制未備嘉靖十三年推官陳讓掌縣事給銀九

十一兩九錢五分𢚩置今亦殘鈌不甚備

銅爵杯一百四十銅和酒缸三銅香爐銅燭臺五

對錫簠四十簋四十香爐一十一錫燭臺一十一

對錫犧罇象罇各一𥯎籩一百木豆一百大木方

盤十小木方盤一百木篚箱三毛血磁盤八和羹

碗十六香案桌四牲匣八柷版一宰殺凳八大牲

桶八毛血木桶八盛爵木桶三焚帛鐵架一木燭臺五十對鐵香爐架九鐵大鍋三錫爵杯一十八舊黃絹帳幔一青絹帳幔一黃綾帳幔一紅綾帳幔四

典籍

御製爲善陰騭書二本五倫書六十二本四書大全一十八本周易傳義大全一十二本書傳大全一十二本詩傳大全一十本春秋集傳大全一十八本禮記集說大全一十八本性理大全三十本

明倫大典一部八本周禮七部七十七本禮記七部一百二十六本儀禮七部五十六本毛詩一部一十四本爾雅一部三本易經一部四本春秋穀粱一部四本尚書一部六本春秋正義一部一十八本春秋公羊一部六本孝經語孟大學中庸一部通鑑綱目一部三十本少微資治通鑑一十二本四書一部一十本易經大全一部六本書經大全一部五本詩經大全一部六本春秋一部十本禮記一部十本綱目一部十二本性理一部十本

通鑑一部十二本今皆散佚不存

書院

稽山書院在縣治臥龍山西岡宋儒徽國文公朱晦翁氏嘗司本郡常平事講學敷政以倡多士三衢馬天驥建祠祀之其後九江吳革因請爲稽山書院元至正間廉訪副使王侯復增葺焉載吳衍撰記歲久湮廢正德間知縣改建於故址之西麓載張煥記嘉靖三年知府南大吉增建明德堂尊經閣載王守仁撰記後爲瑞泉精舍齋廬庖湢諸所咸備統共四十餘間時

試八邑諸生選其尤者升於書院月給廩餼相與講業經義倡明道統諸士多所興起云（元吳衍撰記）越臥龍山之陽崧國文公晦庵先生祠三衢馬天驥之所建也稽山書院則九江吳華因文公之祠請之也蓋文公爲常平使者居越不一歲講明道學敷闡政化斯文一大典起嗣其職者所以景仰風厲每惓惓焉迨宋之季年相臣廣居第欲兼書院有之以先儒之祠不敢壞乃已至元辛卯浙東海右道肅政廉訪副使王侯侯分司于越朞月政成乃進教官孔君之熙陶君儀鳳議前起大成殿以奉先聖後祀文公於明德堂繕書閣以崇講席構齋廬以待來學之士不爾則聖賢之祀不興師生之位弗肅議既定程役赴工踰月告成若夫經構之費陶君儀鳳輩倡之士之來者咸樂輸無難色故一木不以病民既而走書千里求爲文記予不得辭竊推道之不得其傳千有五百餘歲天生周程遠

紹繼統聖學中興逮至文公先生益浚其源昭其
統緒以集大成先生教大要自小學應對洒掃至大
學治國平天下其進也有序其志也有道又必爲
己爲人判然胸中體驗充養馴至上達使不階下
學直造聖賢之域有是理哉如顏子去聖人一間
曾子唯一貫之妙夫豈不由好學與傳習之積乎
然則君子進德脩業舍文公其誰與歸惟會稽過
化之地遺澤之入人深矣昔者生長見聞服先生
之服誦先生之言者不加少世降道微士習鄙陋
出口入耳喪其所以唯虛文是尚唯進取是謀可
勝慨耶乃今天下一家文治日隆學無利誘之蠱
心無邪說之害家靡吠讐之鄙人罔庸調之虞有
先師朱文公爲之據依有賢師帥之勸厲導其講
誦黌舍安于修習絕彼四惡具此四美士於斯時
要使刮去舊習斷斷乎文公之言爲準的因文公
之言求之六經反之吾心真見力踐居則以道淑
諸身出則以道爲世用時有古今人無古今大中
至正之道致知格物之學曷嘗有古今哉嗚呼君

文公先生道德文章之美見而知之者由文肅黃
公而下未易殫舉聞而知之者豈無望于會稽之
士罔俾前人專有斯美（明張煥撰記）畧曰稽山
書院者祠先賢啟後學之地也先賢謂徽國文公
後學則凡生于茲遊于茲志文公之道而誦文公
之書者皆是也創見之詳見元人吳衍記中朝代
屢更海桑俱化俎豆絃歌之所犂鋤徧及瓦礫無
遺可慨矣煥私淑有年忝膺民社顧茲闕典罪責
孰居弟以庸疎日不暇給會刑部尚書王公明仲
楚府長史王公文冕與儒生王琥素懷興復唱鳴
義舉煥特上疏當道得允所請遂得盡力所事庀
材鳩工高者平之下者培之溺於民者捐金出而
闢之凡構屋若干楹繪像于中講道于後左右有
齋前有門甃四築繚垣蔭以佳木成之日人心歸
極道在是矣周覽形勝則雄據龍岡俯臨雉堞山
拱三峯湖環一曲天開儒觀兆啟文明今年棘闈
選士數恊元愷豈非其應耶竊謂文公之學非止
科目階而進之伊周之功業孔孟之文章亦與日

月運行於天山河流峙於地未可以限量之者尚冀後之人景慕無射守職不忘無使求斯文於斯地者而又增慨于榛莽中焉

王守仁撰尊經閣記

經常道也其在於天謂之命其賦於人謂之性其主于身謂之心心也性也命也一也通人物達四海塞天地亘古今無有乎弗具無有乎弗同無有乎或變者也是常道也其應乎感也則爲惻隱爲羞惡爲辭讓爲是非其見於事也則爲父子之親爲君臣之義爲夫婦之別爲長幼之序爲朋友之信是惻隱也羞惡也辭讓也是非也是親也義也序也別也信也一也皆所謂心也性也命也通人物達四海塞天地亘古今無有乎弗具無有乎弗同無有或變者也是常道也故以言其陰陽消息之行焉則謂之易以言其紀綱政事之施焉則謂之書以言其詠歌性情之發焉則謂之詩以言其條理節文之著焉則謂之禮以言其欣喜和平之生焉則謂之樂以言其誠僞邪正之辨焉則爲之春秋是陰陽消息之行也以至於誠僞邪正之

辨也一也皆所謂心也性也命也通人物達四海塞天地亘古今無有乎弗具無有乎弗同無有乎或變者也夫是謂之六經六經者非他吾心之常道也故易也者志吾心之陰陽消息者也書也者志吾心之紀綱政事者也詩也者志吾心之詠歌性情者也禮也者志吾心之條理節文者也樂也者志吾心之欣喜和平者也春秋也者志吾心之誠僞邪正者也君子之於六經也求之吾心之陰陽消息而時行焉所以尊易也求之吾心之紀綱政事而時施焉所以尊書也求之吾心之詠歌性情而時發焉所以尊詩也求之吾心之條理節文而時著焉所以尊禮也求之吾心之欣喜和平而時生焉所以尊樂也求之吾心之誠僞邪正而時辨焉所以尊春秋也昔者聖人之扶人極憂後世而述六經也猶之富家之父祖慮其產業庫藏之積其子孫者或至于遺亡失散卒困窮而無以自全也乃記籍其家之所有以貽之使之世守其產業庫藏之積而享用焉以免于困窮之患故六經

者吾心之記籍也而六經之實則具于吾心猶之
產業庫藏之實積種種色色具存於其家其記籍
者特名狀數目而已而世之學者不知求六經之
實於吾心而徒考索于影響之間牽制于文義之
末硜硜然以為是六經矣是猶富家之子孫不務
守視享用其產業庫藏之實積日遺忘散失至為
窶人丐夫而猶囂囂然指其記籍曰斯吾產業庫
藏之積也何以異於是嗚呼六經之學其不明于
世也非一朝一夕之故也尚功利崇邪說是謂亂
經習訓詁傳記誦沒溺于淺聞小見以塗天下之
耳目是謂侮經侈淫詞競詭辨飾奸心盜行逐勢
壟斷而猶自以為通經是謂賊經若是者是并其
所謂記籍者而割裂棄毀之矣寧復知所以為尊
經也乎越城舊有稽山書院在臥龍西岡而荒廢
久矣郡守渭南南君元善既敷政於民則慨然悼
末學之支離將進之以聖賢之道於是使山陰令
吳君瀛拓書院而一新之為尊經之閣於其後曰
經正則庶民興庶民興斯無邪慝矣閣成請予一

言以諗多士予既不獲辭則爲記之若是嗚呼世之學者得吾說而求諸其心焉其亦庶乎知所以爲尊經也矣

本朝康熙十年里人虞敬道柴世盛重建稽山書院舊址居卧龍之首故明時擬建尺木亭以龍首有尺木則能飛騰亦猶范少伯於卧龍山頂建飛翼樓之意也今當兵燹之後祠像荒殘鞠爲茂草虞君敬道柴君世盛捐貲再造使朱夫子廟貌復新與昔年南公重建書院之舉並垂不朽矣

書院實地玖畝叁分叁厘零

南至大街横貳丈肆尺又貳丈捌尺西至張東至姜自西至東上貳拾捌丈中叁拾壹丈下叁拾丈

北至城隍廟山自北至南長柒拾貳丈零

蘭亭書院在縣南二十五里本晉內史王逸少脩禊之所元時因置書院今廢

陸太傅書院在縣西六十里舊在牛峯寺側歲久湮廢正德間郎中周礽重建於故址今廢

社學

一在縣治東北二里許知府張倉西嘉靖四年知府南大吉即倉之隙地爲之其後知府洪珠既剏古小學在會稽境內乃更其地爲射圃二十年御史王紳復改爲察院

一在縣治北謝公橋南亦珠所建即越王故址

一在西光相坊越王祠西

鄉學明初隅都各置以教養鄉中之蒙穉講讀大誥諸訓詁凡五十所歳久湮圮

義學在錢清鎮邑人周廷澤所剏嘉靖十四年其子給事中祚復購廢驛地以廣之爲屋八間捐田三十畝以贍師生

崇祀

名宦祠祀故明山陰縣知縣○金爵○王倬○徐貞明○毛壽南○余懋孳○馬如駿

鄉賢祠　祀漢大中大夫陳囂〇尚書僕射鍾離意
〇晉吳興太守孔嚴〇光祿大夫丁潭〇
徵士戴逵〇梁廣州刺史王琳〇宋祁國公杜衍
〇大中大夫陸佃〇國子監祭酒姚勔〇資政殿
大學士陳過庭〇贈刑部尚書俞亨宗〇戶部尚
書狀元王佐〇義士唐珏〇知池州錢勰〇秘書
郎唐閱〇元隱士韓性〇明大理寺卿呂升〇按
察院右都御史王暹〇河東運使周鈍〇雲南布
政使薛綱〇禮部左侍郎陳復〇贈光祿寺少卿
監察御史朱節〇處士錙績〇處士王文轅〇贈
少保工部尚書何詔〇四川成都府知府費愚〇
南京刑部主事茅宰〇監察御史祁司員〇知府
王爕〇詔封府丞朱東陽〇贈通議大夫按察使
王鈺〇贈文林郎知縣徐敬〇文林郎陝西道御
史陸琫〇太子少保兵部尚書吳兌〇大僕寺少
卿馮應鳳〇山陰縣增廣生劉熔〇贈江西右參
政劉堊〇陝西右布政祁清〇雲南大理府知府
諸萬里〇工部尚書王舜鼎〇湖廣安陸府推官

奉槩○通政使朱敬循○孝子陸尚質○廣東韶州府通判朱貞元○廣東南海縣知縣朱光熙

稽山書院圖

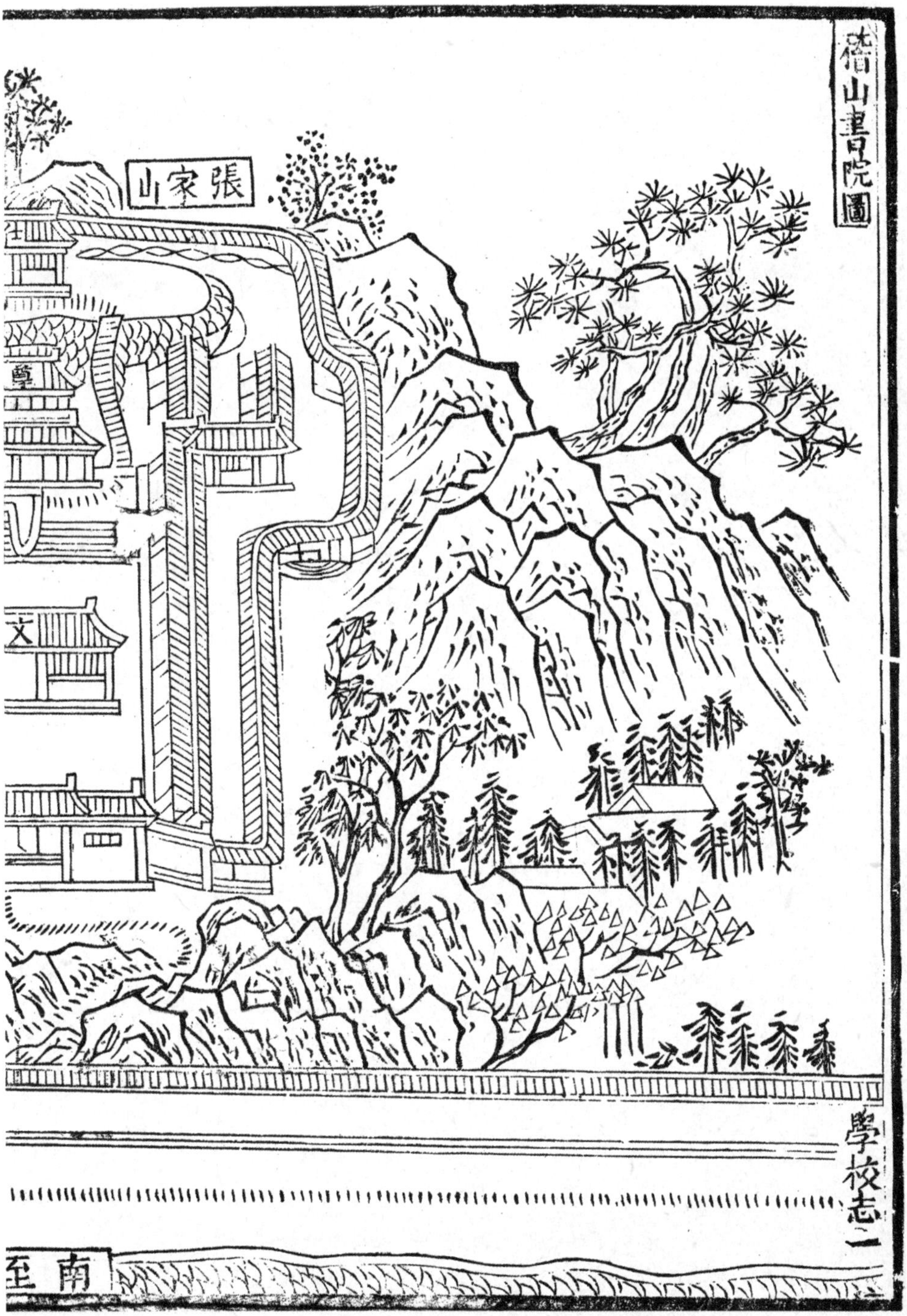

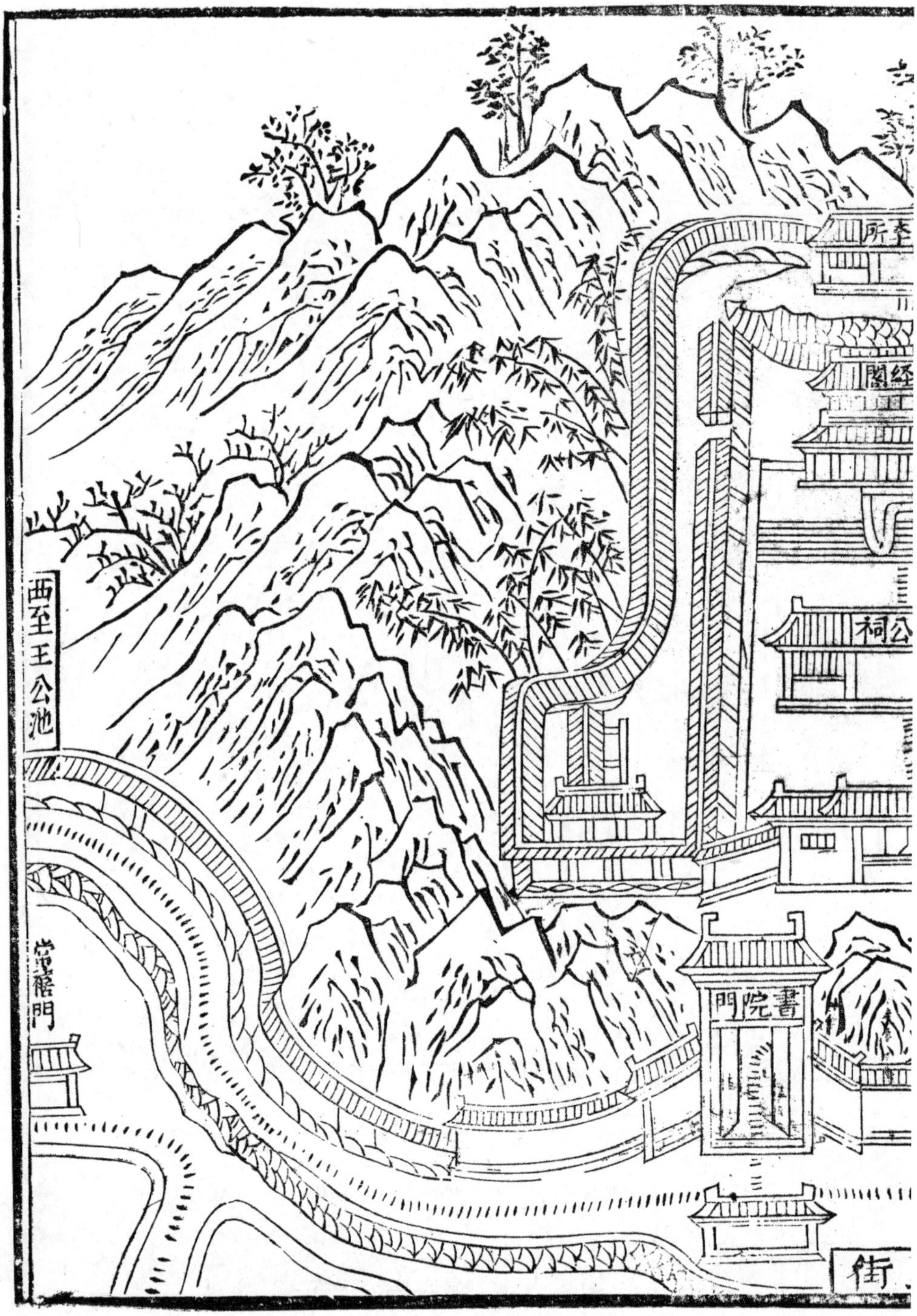
西至王公池
常禧門
書院門
街

山陰縣志卷第十四

祠祀志一

壇祠

王者秩祀事以脩禮經自朝廷達于郡國有其舉之莫敢或廢所以奠神安民示崇報也凡在鄉土而協于典義者雖不領于縣官亦書非此族也則殊而外焉示不敢瀆也

〔補〕祀社稷以及諸神謂其有功德于民而崇報之也或任于其土或生于其鄉沒而有祠何哉葢人

心思慕久而彌摯也文丞相日沒不俎豆其堂非丈夫則有志者亦思所以俎豆者而可哉至于佛宮道院不在祠祀之典第建立有自莫可廢也亦存之以紀勝蹟云

壇

郡社稷壇在縣西北迎恩門外

郡厲壇在縣東北昌安門外二壇俱府祀規制詳載郡志

郡社稷壇按宋志縣有壇在柴場坊今制凡縣附於府者俱陪祀於府壇舊壇遂廢

里社壇按洪武禮制每里立壇一所今或廢或存渺無定所

鄉厲壇按洪武禮制每里立壇一所今廢

祠

名宦祠以祀守令之賢者在縣治東南六里屬府祀今在郡者郡祀在邑者邑祀

鄉賢祠以祀鄉士大夫之賢者在縣治東南六里

儒學廟門之左

越王祠嘉靖十一年知府洪珠以光相寺餘地建

祠以祀越王勾踐（宋王十朋詩）機會由來貴速投姑蘇事與會稽侔謀臣不早麾兵進嘗膽徒勞二十秋（山陰蔡宗兗記）西涼洪公牧越三年志在敦正祀典昭假百神以赫顯靈以協天地以康民俗索春秋越王而祠祭之則郡乘不登父老莫識久矣喟然歎曰越王越民之始祖也百代生靈皆其子弟子弟食越土而忘其祖吾輩吏茲土而可聽民之忘其祖乎禮有可以義起者其在於斯祠乎東溪約齋聞之咸慨然曰是眞可以義起者長者不忍民之忘其祖吾輩寧忍祖之不血食茲土乎前人卽吾祖也不有前人孰啓後人不有後人孰顯前人顧長者倡之吾輩矢續之必弗墜時有詔沙汰僧道郡城西郭有光相寺適頹圮寺僧恩琦告興復於西涼曰吾盍覩其地約齋笑曰祠其機矣遂相率周回諦視諭寺僧曰朝廷沙汰而汝等顧崇佛教於義安乎佛法未入之先此卽越王之地越王之地宜立越王之祠事佛者滿城而事越王者曾無一人今吾將移爾奉

越王香火况汝國即越王之子弟乎能事越王即事佛也諸公各捐貲飭財約齋時復程督不數月甃築黝堊百度堅緻塑越王像於殿中蠡種稽同翼侍左右春秋薦食光彩煥溢歸然鼎立於域中矣曁西淙考績京師東溪約齋相與謀曰欲永其祠必顯諸衆復樹石碑于祠前表之曰畏天保國百姓觀者載道忻忻然知越王之爲我祖聽事香火者蓋惟日不足矣是役也因地之宜順民之役民不告勞官不告費崇禮復古非諸公秉公心以昭于古亦安能宣遺烈以訓百世乎越王保惠越民奮乎百世之上本無意諸公祠之也而諸公祠之則夫百世之下有如越王之保民者又安知不有如諸公者出而協祠之乎宗究越王遺民明世外史敢紀立祠之本末以遠俟乎來哲以世示我越人人曰祀越王者祀勾踐也勾踐不有祖乎曰勾踐之先本夏少康分封庶子以守禹祀其祖開國世遠名湮不可知也其父允常戰敗身亾不可祀也祀者祀其功也賢也賢與功孰先於勾踐乎

祖孫一氣不知其祖而祀其孫即祀其祖矣人曰勾踐始也違忠言而敗中也聽忠言而興終也忌忠良而殺之其賢與功果無瑕乎予曰在史氏當正其辭在後人惟思其澤孟子嘗稱之爲智者又曰畏天者保其國則古之人亦未嘗以過而掩德西淙洪郡牧珠也東溪孔郡丞廷訓也約齋李推守逢也繼至協相之者則林郡判文卿江郡判軾劉山陰昺王會稽教也民庶與力斯祠者亦附見於左

徵愛祠在縣治卧龍山東麓嘉靖四十一年知府李僑即大節祠改額以祀漢太守劉公寵宋太守范公仲淹大節祠原祀愍孝蔡公定唐將軍琦通判會公忠今各祀于原祠而蔡公會公並祀改愍孝爲忠孝祠云

白太守墓祠在縣西北一里卧龍山之陰嘉靖二十一年知府張明道因永福寺故址改刱以祀知府白玉玉漢中人正統間以病卒於官因葬焉歲時有祀致祭

劉太守生祠正德三年知府劉麟蒞政五十日以事免歸郡人王埜輩爲建生祠于本府城隍廟之右

尚書王華撰文漢劉寵爲會稽太守及被徵去任山會有五六老叟自若耶山谷間出人賫百錢以送漢史傳其事不過曰簡除煩苛禁察非法又曰犬不夜吠民不見吏而已此外别無赫赫之功足以聳動人之觀聽今去漢千數百年寵猶廟食茲土百姓猶歌思不忘正德戊辰夏六月刑部

郎中劉君元瑞擢守吾郡僅五十日輒罷官去百姓徬徨如失父母乃日會聚于神祠佛宇祈禱卜筮謀所以留侯者而不可得則相與聯名列狀赴愬于部使者以求復侯之官不可得則又相與罷市易肆捐己貲且不遠數千里走京師以聞于天子以求復侯之官卒不可得則又相與扶攜老稚塡郭溢衢追送至數十里外侯數停舟麾謝衆猶擁遏不忍舍去道路觀者莫不嘖嘖稱歎以爲數百年來之所未見世嘗言今之人不古若卽侯之去任視寵之去會稽豈相遠耶或謂侯之在郡僅五十日而止卽其五十日之所設施雖有良法美意亦豈能家至而戶到雖吾夫子妙綏來動和之化其相魯亦必誅少正卯禮郤萊兵三月而民始歌誦之侯在吾郡未嘗見其按一貪暴旌一善良也直廉恭儉約弗擾于民而已耳固未始有一日勤懲之功而吾民視侯乃有千百年固結之愛使侯久于其任得以究其抱負設施則民之愛戴思慕又不知何所底極也且寵之去任被徵歸朝侯

之去任被黜歸田其榮辱懸殊也而百姓之送侯者所至千百成羣不止五六老叟而縉紳士夫又俱爲詩歌以送之都邑游居之良山林隱逸之彥又從而屬和之聯爲大卷輯成巨帙視人費百錢以送者義利逈絶謂今人之不古若豈其然耶孔子曰斯民也三代之所以直道而行也侯惟以三代之民視吾民吾民亦以三代之民自期待而近世厲民自養者往往詆吾民以愛憎爲毀譽是果何謂耶侯既去郡百姓思之不置則又相與謀肖侯之像立祠于卧龍山麓葢將尸祝而俎豆之祠既成耆宿王珩羅舟等揖而告予曰知侯之眞悉侯之美宜莫如公者願畀一言勒之貞石以永吾民之思予曰古之循吏不嚴而化不令而從所居民愛所去民思生有榮號歿見奉祀侯其庶幾矣雖然衣冠儼然使人望而知愛敬者侯之像萬目所快覩也其有無形而可以感乎民心於永永者侯之功百姓不能忘也然有形乃無形所寓則民之肖像立祠樹碑雖非侯之心而實衆之恩也予

何敢辭遂爲之記侯名麟南京人由弘治丙辰進士起家至今官百姓稱爲新劉云系之以詩曰慨惟越郡僻處海隅厥田下下載于夏書厥民愿樸乃農乃儒乃賈于市乃旅于途服勤終歲僅足食衣吏政張急民命靡依漢吏劉寵治稱循良民用弗擾遺愛甘棠歷千百祀淳風日渝以暴濟虐邪本畢痛天子踐祚歲惟戊辰劉侯繼牧字我越人蠹蠲衆瘼易虐以仁前創後述是祖是孫始時和買害甚天災侯平物估商賈悅來始時繇役歲無月虛侯息民力閭閻宴如越人健訟鼠雀相猶侯潔其源乃清其流越人畏吏如虺與蛇侯窒其穴鷄狗不譁疇昔公燕越舞吳謳侯躬儉約屏去伶優疇昔賦稅誅求無餘侯謹權量民樂貢輸侯在泮宮講禮說詩濟濟多士是式是儀侯蒞轅門恤軍練士赳赳武夫戴如父母越人有言我侯至誠狡猾譎詐罔敢不情越人有言我侯執法頑嚚暴悍咸若厥心民方歡慶而遽罷歸如兒方乳奪我母慈凉凉行李蕭蕭去騶攀轅卧轍願侯少畱侯

不我畱其歸甚亟悠悠我思曷有止極蜀畱詠像
魏祠梁公峴首碑祚異世同功清江之滸龍山之
陽兩祠對峙屹乎相望侯德在民侯像在
廟清風邈然後來孰紹

陳侯生祠在城隍廟劉太守祠後嘉靖四十四年邑之里老建祠以祀知縣陳公懋觀　翰林院脩撰諸大綬撰記

長民者皆稱牧牧之爲道非能力爲蕃庶也能不傷之而已司牧而存如傷之心則傷之者鮮矣居而民悅去而民思惟此心之感也語曰斯民也三代之所以直道而行也嗟乎上特無以感之耳今之民豈異於古之民哉長樂益泉陳公釋褐爲會稽令半載以憂去我山陰與會稽並麗郡城兩邑民相與語明府眞父母舉欣欣願永戴焉丁巳夏侯服闋謁選天曹時山陰令員缺士民有事於京師者請天官卿投牒言循吏懋觀前在會稽任淺有遺愛請補銓山邑子惠元元甦活彫敝天官卿

歎曰吏不當如是耶其從所請侯之任不以家累
自隨縣方經寇亂軍興徵發旁午民不堪命侯謂
惜民當先惜財財匱矣如民何耗蠹萬端其源自
官官正而澄弊乃不生于是率其澹泊之性操益
淸苦廨中蕭然服食僕御有寒士所弗堪者卿大
夫歲時問餽盡却不受坊里常供亦罷遣之凡承
役人舊所輸分例拜見諸名目一切禁絕公家之
費每從節減如勢所不可廢竟輦歷不自怡其臨
政事決獄訟秉公行恕明斷而加之矜恤民雖於
法當罪而求所以生之不得意悽惻若已辜也尤
崇化原脩學校明禮義振育多士多士行業有可
與進者教之如其子弟人人各有得也居二年應
召北上去之日士民攀戀去三年其遺愛在縣中
儼然桐鄉之風焉諸父老洎庠序弟子謀建祠於
龍山之陽徧白縉紳諸士大夫諸士大夫咸捐貲
相倡助將紀述其善美以傳諸來世余亦考求侯
計簿亦無震耀輝霍嬌嬌赫赫殊絕可書之績乃
吾民悅而思之惓惓于懷久而不能釋者侯之德

意潛乎於法度之外也慈祥惻怛一念最眞施于有衆每懷靡及侯不自德而德之入人者深矣昔程伯子宰晉城座間書視民如傷四字推其心必不妄撻一人今之牧能存此心者侯殆庶幾焉其廉惠皆從此出觀于吾鄉又斯民直道而行之心也余備書而敘論之使勒之貞石既以示司牧者之道又以表吏治之不在奇功也侯字孔質癸丑進士長樂陳氏世顯爲閩仕族前後仕者以廉惠稱藎有家法云

忠烈祠 在徵愛祠之左嘉靖二十一年知府沈啓剏祠以祀餘姚忠烈孫公燧 提督學校豐城雷禮 撰記 贈禮部尚書謚

忠烈孫公諱燧事明爲都察院右副都御史巡撫江西值正德己卯寧庶人宸濠以國反死之至今雖小夫婦人皆知公之爲烈也夫任天下事易死天下事難死天下事易成天下事難初公受命江

西時逆濠包禍已久善匿情市交以希寵取威而箝制人口既再得護衛不可盈厭百姓脂膏浚削無遺輦珍寶結禁近以爲奥援又連各洞寨逋賊縱其流刼焦焚于時鎮廵藩臬以正自持者百計凌轢必欲致之極地故士多毀節脫禍公然旅附矣公觀變究源謀所以制之於是乎均征賦餝戎備實倉儲撤鹺利諸凡摧剝黎萌者漸次剷削偵姦黨置之法以剪其羽翼惟弋陽横峯諸窑地險人悍及安義新民多羣不逞易煽乃請立縣治安義設通判駐横峯以彈壓之城進賢城瑞州城南康扼其要害又奏復饒州兵備并重九江兵備之權于撫州一路則以分廵兼攝之所以陰折逆謀悉中機宜不幸屬車西狩權瑺助逆而惡孽依憑大蠹不可復制兼以朝廷懿親不敢擅圖先發累上密疏及自劾乞休俱不報蓋已自分一死報國靡他矣及逆濠跡露倉皇圖劫諸司爲變鎮廵以下甘心黨附隱忍就擒者豈少也惟公面折誕詞罵不合吻所謂天無二日民無二王數語昭昭乎

揭日月而行中天也何其烈哉然公處矣濠遣逆黨募兵如寗兵新民一無所得至都御史王守仁義旗一舉合省士庶爭奮而起不旋踵而大難平謂非公之謀有以佐之邪昔天寶之亂顏杲卿以節處論者不太其遠處謂知祿山必反爲之備徇諸郡並勤兵以從其後賊之不能直窺潼關者以杲卿撓其勢也方濠懷不軌將浮江而下也豈息心哉非公嚴爲之備則旦夕欲發必不遲回于數年其既發也號召亡命盤據險扼勢必滋蔓而欲奄定旬日之間不亦難乎故嘗反覆公事而觀之當濠逆未成得公早撫一二年則羣奸不附而積釁可以默奪及濠勢已成使公早奏報則一鼓擒之猶拉朽耳生民亦免于血刃也乃事激變生至與杲卿同遊于地下而其心豈但已耶公平生立志以忠孝自命及撫江西郎謝家杲慨然就道所至表章貞節又廣支山祠贊其偉烈識者已覘公許國之忠矣則其奮然自立能至于此者蓋天性然也故公之能遽其處不足以見公之大惟苦

心積慮潛制奸謀以成天下事而之死靡悔者天下一人而已夫明德祀于其鄉自古爲然今祀公死所曰旌忠知縣丘養浩以餘姚生地請當道創祠龍泉山麓至紹興知府沈啓以公爲一府忠烈之倡又立祠卧龍山之東前後共六楹既成公姪僉事翥率公孫國子生蕃屬予言夫公之大節撤揭宇宙固不係於祠之有無然紹人慕公之誠非祠無以致其敬也禮忝舊治閩父兄談公之烈甚詳恒以不及見公爲恨既而見公于前府都督堪尚寶卿墀禮部侍郎陛俱忠厚仁孝而其孫又多賢則天之所以福公者益未艾也况濫司風教于公土能不追公之節以厲來學者哉故摭公行事之大者勒諸碑繫之以銘曰越山千仞上摩穹玄姚江東注滙爲一川侃侃孫公鍾此間氣弗隨以貞清明剛毅領領南土逆宗構逆狠吞虎視横不可馴谷滿徽章路塡荆棘隱畜逋逃爲民蠹賊彼惛饕溢稔禍日兹妄窺天意罪甚淮南公軫杞憂爰拯其溺殲厥殘凶以遏奔激乃城險要乃峙糗

儲于拊于循靡憚拮据彼狂公佻瞋目以怒公立
中流屹如砥柱宻封抑鬱天違難知孤忠自許就
扼其危是厭厭妖氛貫盈當斃露刃劫公悖天稱制
公誓天日氣貫烟虹責以大義首犯逆鋒我頭可
斷我節難毀顏舌幸存罵賊以灰英風凜烈了無
所摧用抉我眼觀我全師惟民鑒之義旅雲族舟
不待浮鯨奔鯢伏元憝沮刼自速爇舟公歸不腐
重于泰山惟帝念功世蔭其子貤贈易名堂堂廟
祀臥龍之麓八邑具瞻千載竹帛澤流海闇
式成厥觀常山與伍如見羮墻乾坤其古

王右軍祠在蕺山戒珠寺東寺即右軍別業嘉靖十年知府洪珠移置於佛殿之西寺門外鵞池墨池尚在

宋諸葛興頌

典午西兮金國渡而東兮藹多士嘉內史兮昇浮華淡物累兮頤天粹升冶城兮遐想友東山兮雅志修禊事兮蘭亭觴曲水兮羣英追雩風兮涵泳湫萬化兮均平紀淸

遊兮感慨剡形志兮神詣蔚翔鳳兮一札賓連城兮千祀大傳起兮爲蒼生扶晋鼎兮麼符秦內史歸兮樂山水師萬古兮餙孫子出與處兮兩賢意易地兮皆然（吳萊謁祠詩）小立天地窄前登萬山阻越王采蕺處秋綠空榛莽古祠復何人遺像寄梵宇柳老題扇橋荷香弄鵞浦典午當衰亂神州渺淮楚經畧欲馳兵保障期安堵姦溫多大志誕浩却浪許護軍曾參綜幾疏極心膂廟謨不可勝野戰徒爭武內外未協和英雄豈豪舉泗口聊進屯譙城遽奔沮事勢日趨異朝廷孰撑柱去官寧忤違誓墓獨酸苦父子但書法功勲總塵上青緗每收拾縑筆餘圖譜草隷俱入妙雲龍競掀舞一鷺或有識野鶩紛難數平生破布被謾以指畫肚起抑放墨池長鯤戰風雨

（司馬溫公祠）在縣治北五里公四世孫宋吏部侍郎伋所建

孟郡王祠在太清道院旁先是孟成之等捨地道士張亙悟建立太清道院天啓乙丑裔孫孟應麟偕子稱堯稱舜等請于山陰知縣馬如蛟就院左建祠三楹以祀南渡始祖咸寧郡王彦弼長沙郡王彦卿信安郡王忠厚以及後世賢子孫而統名之曰孟郡王廟嗣是孟氏歲時致祭

雙義祠在縣治東南六里名宦祠東嘉靖十六年知府湯紹恩建祀宋唐珏林景熙

新建伯祠在縣治北四里許嘉靖十六年御史周

汝貞建以祀新建伯王守仁

忠節祠去縣西南五里許正德間裕州同知郁釆死流賊之難朝廷敕裕州祠祀蔣僉事舜民劉知縣昺即其墓立祠以祀之

褒忠祠在光相坊新建伯祠之右嘉靖三十四年紹興府知事何常明山陰生員金應暘餘姚監生謝志望生員胡夢雷禦倭死于難事聞于朝常明贈太僕寺丞應暘志望夢雷俱贈州同知立祠以祀之

史魏公祠卽都土地廟去縣北二里倉橋下

清凉母祠在塔山下舊名栝子廟祀唐清凉國師母

許玄度祠在塔山清凉寺後原無祠因設像而名詳府志中

王龍谿祠在江橋祀名賢王畿

賀監祠在鏡湖上

山陰徐侯生祠在迎恩門外祀知縣徐貞明

沈文肅公祠在蕺山上祀宋大學士沈紳

陶文簡公祠在江橋下祀明會元陶望齡

朱文懿公祠在塔山祀明大學士朱賡

諸文懿公祠在塔山下祀明狀元諸大綬

陳侍郎祠在永福寺北

崇善王祠在卧龍山上吳越王錢鏐建梁貞明三年封山神爲崇善王敕牒鏐自列其銜于後

陸放翁祠在鏡湖上

劉眞君祠在縣東三里許宋淳熙間郭壽隆建

范蠡祠在蕺山天王寺麓前職方調越別駕姑蘇馬承學所立下有冷然池越守洪珠書鐫石壁上

萬曆肆年加祀文正公仲淹蔡獻公純禮寺池前立范文正公香火院坊（宋朱熹書于祠曰）富貴有餘樂貧賤不堪憂誰知天路幽險倚伏互相酬請觀東門黃犬更聽華亭鶴唳千古恨難收何似鴟夷散髮弄扁舟鴟夷子成覇業有餘謀致身千乗卿相歸把釣魚鈎春晝五湖烟浪秋夜一天雲月此外儘悠悠永棄人間事吾道付滄洲

高氏五王祠 在府城西六十里祀宋太尉高瓊瓊封衛王子繼勳封康王孫遵甫封武功郡王進楚王曾孫士俊封武寧郡公追封武寧郡王元孫公紀封晉寧郡公追封晉寧郡王靖康末少保高世則扈蹕南渡領越州觀察有功于越奉勅建祠祀

高瓊而下五王祔以少保公世則有司春秋祭之

貞烈祠在江橋鹽院傅宗龍建祀王貞女沈烈婦里人劉宗周爲之記

蕭公祠在縣治西門外順治六年闔郡士民祀都御史蕭公起元知縣顧予咸屬諸生朱起蛟撰記

公諱起元遼陽人以順治二年十月奉　朝命廵撫兩浙時越人連搆七郡稱戈數十萬勤勞王師自秋徂暑乃克破蕩公與部院張公約但誅渠魁献馘於朝而此外一無所問越之人上自縉紳下及里老皆請建祠以俎豆公顧以不死之身益公千秋之壽公不許相與咨嗟歎息皇皇然如不克戴天順治五年冬十月公復至越察民之所不悅事之所不便吏之所不廉不職者或革或蠲或誅

或黖雷動風驅春生秋殺旬日之閒俗乃大變于
是越人復稽首蒴角垂涕相告以爲吾儕前攖喪
亂分如雞豕計日待屠豈知鴻莽另闢致使殘黿
遺黹復見天地光華今而後知　天子之德開代
之仁肇造之規模如此其大越民少者壯而壯者
老巳五年於茲環城十萬戸天高地厚日履日載
使不有所瞻仰百代後焉知相傳以有今日者皆
出蕭公之惠乎山陰令顧君聞其言而歎曰夫非
猶此越民也耶今一旦傾心戴德至誠懇怛如是
甚可哀也雖公之德不必以祠著然復重違其請
恐非所以慰荅輿情昭示歌舞愛戴之至意于遐
邇也于是躬率士庶度地于西門之外誠日勉循
爾願母使公知量厥家延庇厥材釁髹厥丹堊作
堂翼翼巽列位巖巖維時七年正月十五日萬民和
會紳士奔走聲以鼗鼓振以鐸鐃拜公於堂歡聲
如潮上以彰　朝廷寛大之隆下以發斯民官長
之義凡奉公之教以涖是土者知所欽式則斯祠
關係甚鉅豈特爲銘德報功巳哉因載拜而記

張文恭祠去縣三十步祀明狀元張元忭卽舊市舶司萬曆間撫院題請建祠

姚公永戴祠在常禧門祀紹興府協鎮名承德號仁齋關東人有傳順治間以副將鎮紹興幕府在山陰常禧門民當兵燹之後公特鎮以安靜撫以慈愛民有與兵競者公輒右民而罪兵兵自是凜凜無秋毫犯時用師海上公每偏師直搗巨寇屢奏奇捷居官不喜紛華不受苞苴布衣素食常奉佛維謹人遂呼爲姚佛子適病劇部院趙廷臣撫院朱昌祚語其賢直造卧榻前提手慰勞之竟不起越民如喪考妣哭弔以萬計鄉紳張陛捨地鳩資乃建祠于卧龍山之麓祀之名曰永戴祠

社稷壇圖

愍孝祠圖二

祠祀志二

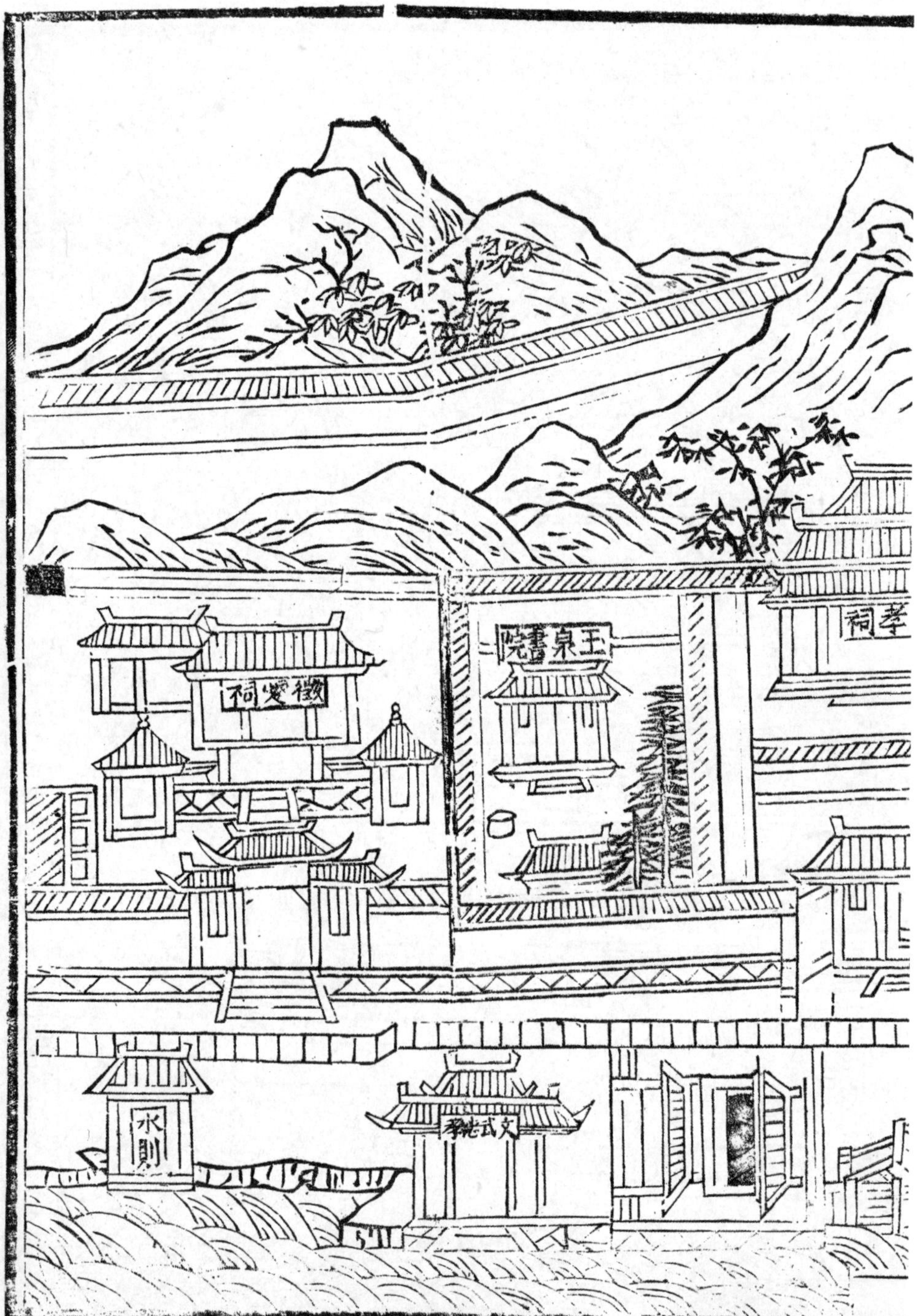
徵愛祠
王泉書院
孝祠
水則

山陰縣志卷第十五

祠祀志二

寺院 宮觀殿附

寺

大能仁禪寺在縣南二里四水爲界東西廣一百四丈四尺南北深六十丈總八十畝有奇東晉許詢捨宅爲祇園寺後廢吳越王時復建號圓覺寺咸平六年賜名承天寺宋政和七年上后土號曰承天令天下僧寺皆改爲能仁寺葢避后土號也元初燬至正年間重剏嘉靖末年寺額廢呂文安諱本請佃改爲樛木園造百尺樓以藏書崇禎末年僧無量勸善士祁鳳佳等以四千餘金贖回重搆而寺

始
復

小能仁禪寺在縣西北三里開寶六年觀察使錢儀建太平興國二年吳越給地藏院額大中祥符元年改名承天政和七年五月改賜今額

寶林寺在縣南三里飛來山麓宋元嘉元年僧慧基建時有皮道輿捨宅造寺於山之巔會昌中殿廢乾符元年重建因改爲應天寺晉僧曇彥與許詢元度同造甎木二塔未成詢亡久之彥尚在梁岳陽王帥越訪彥彥曰許元度來何暮昔日浮圖今如故遂握手入室席地坐忽悟前身造塔之事由是益加壯麗宋乾德初僧皓仁建塔九層高二百二十丈號應天熙寧間災毀郡守程師孟復拓舊址奏請賜名寶林尋改崇寧萬壽又改報恩廣孝又更名光孝紹興中復毀乾道末藻繪尤盛置田五千餘畝大德中復燬至大四年再刱寺宇闢莊田構鐘樓至正

間寺塔俱燬明永樂十一年僧善恷重建嘉靖十
七年僧鐵尾始復隆慶間塔復圮萬曆六年僧眞
理募修改上殿爲清涼寺塔前建許玄度像明末
殿宇及塔又將圮康熙初年僧性空募修清涼及
塔寺宇仍煥〈唐方干詩〉山捧亭臺郭繞山迢盤
蒼翠到山巔叢中古井雖通海窟裏陰雲不上天
羅列衆星依木末周囘萬室在簷前我來可要歸
禪老一寸寒灰已達禪〈宋杜衍詩〉中懷無絆絆外
緣閒深掩柴扉客到難勝境可會飛錫去好山多
應捲簾看晝升講座天花落夜步吟軒海月殘今
日逢師堪論道歸心愁思一時寬〈王安石詩〉飛
來頂上千尋塔聞說鷄鳴見日升不畏浮雲遮望
眼祗緣身在最高層〈明王守仁詩〉怪山何日海
邊來一塔高懸拂斗台面面晴峯雲外出迢迢白
水鏡中開招提半廢空獅象亭館全頹蔚
草萊落日晚風無限恨荒臺石上幾徘徊
〈清涼寺〉在縣南三里飛來山上宋時建即寶林寺

上殿康熙年間重修

〔大善教寺〕在縣東北三里許中有七層浮屠梁天監三年民黄元寶捨地有錢氏女未嫁而死遺言以奩貲建寺僧澄貫主其役未期年而成賜名大善屋棟有題字云天監三年歲次甲申十二月庚子朔八日丁未建唐開元二十六年改名開元後唐長興元年吳越武肅王別創開元乃復大善舊名宋建炎中大駕巡幸以州治爲行宫而守臣寓治于大善及移蹕臨安乃復以行宫賜守臣爲治所歲時使命朝攢陵猶館于寺中乾道中蓬萊館成乃止慶元三年寺塔俱燬于火發其塔中地得石刻乃越中龍興寺宋太始元年唐太平元年造塔宋淳化三年復燬景德元年重建石刻中多斷闕不可盡諳龍興寺與龍興橋相近或謂提舉

廨舍是也疑龍輿塔既焚後人取廢塔以葬舍利佛骨耳永樂元年重修寺塔至康熙八年僧萬休法師同邑人行僧等重修復煥然云

至大教寺在縣北五里元至大四年佛印弘教大師本立雪庭購石氏故宅建之咸祐中賜額曰至大報恩寺殿壁刻宋高宗御書詩尚存韓性撰記其畧曰至大報恩寺沙門弘教大師立公之所建也寺在越城之西北卧龍飛來諸山横列其前由寺門右出數十步踰河梁西南是爲會稽之通衢行旅憧憧不絕釋子之遊方若有事于白華山者必道于此立師欲接以憇息之地乃購石氏故宅撤其舊廬更剏新宇殿堂門廡齋厨庾器種種畢具買田千畝以充饘飡之需買山五百餘畝以供薪樵之用朝晡伏臘百爲之具不待外求而可以垂久寺成

于至大改元之四年請于帝賜之名曰至大報恩之寺而俾余爲之記師越之上虞人姓趙氏本立其名雪庭其號云

〔戒珠教寺〕在縣東北五里百四十七步蕺山南晉右軍王羲之故宅或曰其別業也門外有鵞池墨池南百步許有題扇橋即賣扇老姥所居之地寺初名昌安大中六年改戒珠陳大建二年有天竺僧辯博神異及死葬山上其形數現後夢語其門人曰必爲臥像屋以壓之我則不現僧定光乃立臥佛像果不復現故又名臥佛寺宋熙寧中郡守程師孟與僧法雲遊于寺僧立成詩句曰行到寺中寺坐觀山外山〔宋王十朋詩〕九日重登古蕺山勞生又得片時閒菊花今歲殊不惡蓬鬢去年猶未斑藍水楚山詩興裏鑑湖秦望酒杯閒醉中同

訪右軍蹟題扇橋邊踏月還〔陶望齡詩〕獨眺空山已夕陽浮雲漠漠晚風凉王孫墨妙眞堪憶越子雄圖未可忘地合江湖趨瀚海城跨石塹鎖金湯只憐蘭若荒頽盡月出無由步上方

〔天王敎寺〕在縣東北六里二百步昌安坊蕺山東麓寺後山壁刻字有曰唐景德元年歲在壬子准勑建節度使相國隴西公生祠堂其年十二月十六日開山建立蓋董昌生祠也昌敗祠廢後唐天成四年吳越王錢鏐夢神人求祠宇或言祠本古天王院有魚池因建天王院宋大中祥符元年七月改通敎院天聖初避章獻明肅王后父名又改廣敎院建炎末與開元寺同時燬于火紹興中院僧惠廸募緣再建佛殿西北隅山壁舊有陸少師題名石刻云虞駿元王源之吳庭瞻曹季明沈永道孫元禮陳志行

陸元鈞自戒珠寺雪軒過草堂登上方尋徑到此
政和八年三月二十八日元鈞題今剝落不存明
永樂元年僧道法復建堂宇
萬曆初併屬戒珠寺今復

永福教寺在縣西北一里許臥龍山之陰上有白
郡守墓

天衣禪寺去縣南三十里許承務鄉地名法華山
前有十峯雙澗寺多異花名曰杜鵑每歲盛開觀
者競集王十朋會稽賦云天衣杜鵑晉義熙十一
年高僧曇翼結庵誦法華經多靈異內史孟顗請
置法華寺至梁惠舉禪師亦隱此山中武帝徵之

不至昭明太子統遺以金縷木蘭袈裟遂以天衣名寺後有十峯堂堂之前有唐李邕撰碑今斷石尚存宋淳熙七年王子魏惠憲王毖詔攢於山中設置衞守崇寧中振宗大師義懷大興法席置烹金爐以接四方來學元至正十八年燬於兵火明洪武六年僧曇敷復建且圯嘉靖間僧德瓚重剏殿廡始復舊勝云唐李邕碑記畧曰昔者法王以六度爲門轉置熱惱之衆延巢清凉之都念兹在兹廣矣大矣法華寺者晉義熙十三年釋曇翼所建也師初依廬山遠公後詣關中羅什早入禪慧尤邃佛乘與沙門曇學俱遊會稽覩秦望西北山

其峯五連其溪雙帶氣象靈勝林壑虛閒營卜蘭若專精法華感普賢菩薩爲下俚優婆提稀子于竹筐寄釋種于蓬室及杲日初上相光忽臨乘脅上漢師想望太息沉吟永懷葉公好龍已遇眞物羅漢測佛獲了聖心太守孟覬以狀奏聞因以爲寺則知妙法者眞如之正體蓮華者淨道之假名是故宗厥經署厥榜了無量義成不住因至若高僧慧基邑人陳載皆踵武宗跡傳燈䰖明或五性範堂或七寶規殿立普賢座進蓮佛藍固足以發慧印啟玄門入位畢臻出家皆應或慧舉已徵或昭明再造或簡文瑞像或武帝香爐寶扇吟風珠幡交露僧繇墨意盡長毫之妙光宮女綖功織大身之寶相百寶盈于九隅羣經備于三藏所以神鐘警夜保賢聖之大居祥鳥肅賓迓軒蓋之雲集登山而野曠心空浴水而垢除意淨性通七事成總八關金杖五分優劣既等繪綵四色功德豈殊頃者亳州刺史前此邦别乘太原王公名法海去煩惱之外糠得慈悲之内寶起普賢臺一級寫法

華經千部廣化人吏大啟津途即普賢臺立法華社地效其靈山呈其秀夫名者事之華碑者物之表其或表不立則瞻仰失容名不興則纘述無地願言刻石是用齊山其詞曰會稽南山秦望北寺高僧環住聖跡標寄者闍比丘法峯取義羣佛護持歷國檀施陸寶大來海珍總萃幡影連珠象光發瑞臺壓龍首殿開鳥翅松巘蕭疎竹澗蒼翠綱紀有光禪律不墜椽曹正直別乘仁智作爲碑板賛述名字

〔宋〕吳融詩　寺近五峯陰穿緣一徑尋雲藏古殿暗石護小房深宿鳥連僧定寒猿應客吟上方應見海月出試登臨

〔王十朋詩〕　稽山高入雲鑑湖澗浮空禹秦有餘跡晉宋多鉅公我來歲及周夢寐懷清風茲欣天氣佳扶桑欲曈曨駕言天衣遊盍簪盡鵷鴻經夕戒行李如期集仙官聯騎出城南行行指秦峯千巖競吐秀眼界清無窮招提在何許十里松陰濃林端忽鐘磬與客爲先容羣簪擁花界雙環鳴寒空試將比天台大畧如思豐首讀李邕碑妙理開昏蒙細觀元白詩丘

壑羅胸中蕭壁尚堪面梁薪幾經烘慈宫現有相
禪客談無同朝陽最嶄絶白雲林其胸杜鵑天下
無至今映山紅翼僧始開山道業聞清衷惠舉詔
不起高價傾江東袈裟縷黄金宫女自針工昭明
親抱送禮意何太恭白馬忽渡江臺城喪英雄國
破遺衣在丹青落塵容我輩皆書生意氣飄如虹
躡屐共尋幽寧求香火功載酒懷賀老招隱思戴
顒賦詩效吹臺一飯敢不忠況我賢使君德宇尤
疎通楚醴餉百榼白衣走山中嗟余何爲者天資
愧悾侗謬與酒中仙偶向蕺山松同年妙詞章況
有山水供古詩如古琴山高水溶溶背囊小奚奴
捧硯長鬚僮勝遊興佳作二美今且逢品題徧羣
英波瀾及孤蹤掬水美花句比擬何凡庸茲會如
蘭亭同行類荀龍盛事在詩史奚用呼畫工（元
韓性詩）春流雙澗深曉色十分陰勝地青蓮宇千
年靜者心焚香入空翠鳴磬出幽林去路白雲滿
禪宫何
處尋

天章禪寺去縣西南二十五里承務鄉地名蘭渚山王右軍蘭亭曲水遺址在寺側舊有右軍畫像及書堂宋元尚存宋至道二年仁宗降御書特賜天章寺額紹興八年高宗降御書有蘭亭序碑元季寺燬于火碑像猶在明永樂六年僧智謙重建寺宇舊有供應田千餘畝今漸蝕于民間

青蓮教寺去縣西南七十里温泉鄉地名蓮華峯唐乾符二年僧圓鑑建號蓮華院治平三年改賜青蓮院

融光寺去縣西北三十里本名柯橋接待院舊柯亭即其地云宋紹興六年僧智性創後改名靈秘院元末燬廢明洪武十四年僧海印

重建正統間賜經一藏構重屋以貯之賜今額歲久湮滅萬曆間太學生王應遴經營購募得全藏築御經樓石簣陶望齡爲之記

法雲教寺去縣西北十里舊名王舍城寺吳越王時建宋開寶七年改名寶成寺大中祥符中方改今名建炎初燬于火僧道亨及契夐復修元末燬廢明正統初佛殿圯壞僧月澄宗瀕重葺俗呼爲王城寺

本覺教寺去縣西北一十八里梅山卽梅福隱居之所後唐清泰三年建號靜明寺有雲峯堂上有適南亭郡守程師孟建陞左丞作記又有子眞泉碑記歲久剝落不可考〔明〕鎦績詩梅福多年寺停橈試一來路緣青嶂入門

剡白雲開野蔓藏仙井山茶薦客盃平生耽勝賞日暮未言歸〔王守仁詩〕春風吹畫舫載酒入青山雲散晴湖曲江深綠樹灣寺晚鐘聲急松高雀夢閒夕陽催暮景老衲閉柴關

智度教寺去縣西北五十五里後唐天成三年建周顯德元年改名旃檀宋大中祥符元年賜今額有江聲月色二樓又有大樹軒慈雲樓經遠堂瑞竹軒幽勝可遊

安康教寺去縣西北五十五里清風鄉地名安昌唐長興元年僧安普建號安昌院順治初年僧凡成重建

明因禪寺去縣西六十里夏履橋西湖之塢晉開運二年王承益捨地敕建賜名遇明禪院宋治平三年敕修有懷素書匾遇明山三字近以兵燹失之寺

惟玉泉井凝碧池瀆
雪澗名人題咏最多

六峯護國寺去縣西南三十五里周武帝勑建至宋朝荒廢明崇禎年間僧成賢重建

臨江寺去縣西六十里一名牛峯寺寺在山麓山有峯屹然明王守仁改爲浮峯（明劉基詩）天下干戈靖未能遇山佳處且須登日烘灌木啼黃鳥風動殘花落紫藤埋迹自非逃世士息心也愛坐禪僧一聲長笑雲霞裏頭上蒼崖似欲崩（王守仁詩）洞門深鎖青松飛磴纏空轉石峯獰虎踞崖如出桱斷螭蟠頂訝懸鐘金城絳闕應無處翠壁丹崖尚有踪天下名區皆一到此山殊不厭來重

福安教寺去縣西北五十里塗山東麓地名西扆

後唐長興元年建號賢福院宋治平元年改賜額

鑑湖顯聖寺離城五里鍾堰橋北住僧體明修建

上方教寺去縣西北四十五里清風鄉上方山晉

天福二年僧寧光建號上方院歲久頹圮明洪武十二年僧弘重建

佛殿

法堂

下方禪寺去縣西北四十里即古壽量寺後唐長興三年勅建寺久頹廢其西院僧廣恩于順治初年重建廣恩善治跌閃接骨膏最神驗法嗣果實相傳不替

靈秘教寺去縣西北五十里馬鞍山之西北梁大

同十年將軍毛寶捨宅建元至正十八年燬于兵燹明永樂元年僧法命

重建越二百年又廢萬曆間僧文禮復興

鷲臺教寺去縣西四十五里地名葑里晉乾祐三年僧一清建號重臺院宋治平三年賜今額

崇教禪寺去縣西九十里天樂鄉地名山西梁大同元年僧大訥建尋廢周顯德五年鎮海指揮使薛温重建號新興塔院宋治平三年改賜崇教院東百步有越王城

普香教寺去縣西北五十三里禹會鄉地名前梅宋乾德三年建開寶三年吳越王給觀音普開院額開寶六年改今額歸併寶林寺

鏡清寺距城二十里唐天成年間建元皇慶間燬順治間朱金

吾室張氏法名浄永捐貲重建同女雪照焚修今曹洞三十三代僧蕉菴範住持

興教寺去縣西一百十六里晉天福五年僧祖印建號興善院治平三年改賜今額（明蕭昱詩）迢遥尋古刹寂寞見羣峯好竹無人掃繁花對客紅雲垂僧院靜雀下佛檀空興盡方歸去春山落照中（王埜詩）古柏寒松是處逢門前山色倚層空老禪定後談玄寂一樹桐花落午風（又詩）勝遊濤興竟如何翠濕荷裳露氣多試問禪心與僧臘古松無恙水無波〇一在謝墅順治年間僧白雲重建今僧普滋繼席

蜀阜寺去縣西北四十五里舊名集善教寺宋太平興國元年里人馬氏捨地能法師建元皇慶二年燬于火泰定二年重建至正十五年復建圓通閣

光相寺一在縣西四十里宋時建僧至善重建法嗣雪奇住持一在城之西北東晉義熙二年建越王祠在寺左

環翠寺去縣西南六十里宋時建

雲峯寺去縣西五十里其地盤龍廻繞天然大觀明劉青田遊憩于此

廣福教寺去縣西三十五里地名壽勝埠僧思純建宋治平四年賜壽勝院額紹興三十二年改廣福院元季燬于火明洪武十五年僧得悦重建

延福教寺去縣西六十里新安鄉牛頭山之麓晉天福三年建宋開寶六年給安國院額大中祥符元年改賜延福院建炎中燬于火紹興五年重建景德初陸太傅軫嘗肄業于此寺西北隅舊有陸太傅書院今廢

慶壽教寺去縣西六十五里地名烏石宋開寶七年僧思順建號烏石院大中祥符元年改賜慶壽元至正十一年燬于火明洪武二十三年重建

延壽教寺去縣西八十二里地名江塘後唐天成四年僧思華建號普安院宋大中祥符元年改賜今額

長慶寺去城十里鍾山地方明季僧瑞白重建今法孫普滋繼席

寶嚴講寺去縣西一百二十五里天樂鄉晉開運二年建漢乾祐元年吳越王純清加純一塔院額宋大中祥符元年改賜今額

慈禪寺去縣西一百十二里天樂鄉晉天福三年

僧道山建號天長院宋大中祥符元年改今額

資壽教寺去縣西一百里晉開運二年僧文遠建號延壽院宋治平三年改今額

戒定教寺在縣西北五里迎恩鄉先名虹橋接待院宋紹興五年僧法宥建明洪武十一年僧添育重修

崇福教寺去縣西北五十里地名錢清宋建隆中建號浴堂院乾德二年改法水院大中祥符八年改崇福院元季燬明洪武十四年僧仲芳重建

阮社教寺去縣西三十五里地名阮社唐乾符三

年僧守中建元季燬于火歸併柯亭靈秘寺

翠峯禪寺去縣西北三十五里宋紹定五年吳越錢王后捨地僧道益建號翠峯寺歸併崇福寺

彌陀教寺去縣西三十里梅市鄉地名福嚴元泰定元年僧普吉創勑賜前額元季歸併柯亭靈秘寺

普照禪寺一名柯山寺在縣西三十里晉永和年間勑建

晃旒寺去縣西一百三十里晉開運二年建地名大巖

妙明寺在東如坊萬安橋北宋時建明呂文安公孫天成修

香林教寺在縣西四十五里地名典塘漢乾祐三年建號寶林院治平三年改今額元季燬于火歸併廣福寺

永興講寺在縣治西北四十里温泉鄉地名黃山晉天福八年僧紹澄建歸併青蓮寺

慈恩教寺在縣西一百二十二里後唐長興三年謝君彥捨地建晉天福七年吳越給永安院額宋大中祥符元年改賜今額歸併延壽寺

惠悟教寺去縣西一百二十里天樂鄉地名黄灣周廣順元年建號全悟院宋治平三年改今額明永樂元年重建改觀音堂歸併資壽寺

報恩講寺去縣西一百二十三里天樂鄉地名麻溪宋乾德四年竇珍捨地建彌陀院宋大中祥符元年改賜報恩院元季燬于火明洪武十三年重建歸併寶嚴寺　報恩寺有二一在縣西三十五里唐乾符三年建崇寧五年重修

資教寺去縣西一百二十里天樂鄉晉天福七年建吳越王給城山院額宋大中祥符元年改賜今額明洪武中重建法堂佛殿

廣利講寺去縣西一百二十里清風鄉宋開寶九年柳公訓捨宅建吳越時名清化塔院額大中祥符元年改賜今額歸併寶嚴寺

安隱教寺去縣西北一十里隋開皇十三年建後唐高伯興重葺號安養院宋治平三年改賜今額歸併戒定寺

保安教寺去縣西北五十一里禹會鄉晉開運元年建號保寧院宋治平三年改賜今額

廣濟教寺去縣西北五十五里禹會鄉晉天福六年建號聖壽院開運元年改嘉宥院宋大中元年改賜今額

寶積禪寺去縣北二十八里感鳳鄉先名三江玉山觀音堂宋

乾道元年僧用欽請今額後廢欽僧無量
重建併建文昌都土穀二祠於寺之右
隆興教寺去縣西七里靈芝鄉宋泰始元年建號
香嚴寺大中祥符二年改爲提舉
司乾道五年復賜今額
花徑禪寺在縣西南二十五里迎恩鄉元大曆二
年建順治五年僧少微重
建僧九達印可住持
寶壽講寺在縣西一百二十里天樂鄉唐貞元三
年僧純一建周廣順三年給永豐院
額宋祥符初改賜今額
長壽禪寺在縣東北二十五里感鳳鄉晉天福六
年鄉彥超捨地僧法義建

大慶尼寺在縣南三里雲西坊晉永康元年建宋大中祥符元年增修元以來久廢

龍山寺去縣西北五十里

曹山古報恩寺去城七十里順治三年僧啓元重建今法嗣仁趾繼席

華峯寺去縣西南三十里寺久圯改爲朱華山庵康熙六年僧介巢募資重建寺始復山下有南院係陳法祖所捨介巢建爲下院

院宮觀殿附

靈石禪院去蘭亭西十里名曰東坑溪山幽邃人

跡罕至產一石筍壁立數仞狀如巨人晉王羲之
嘗遊於此勒詩以誌唐時爲震雷所擊明季至
國初石復長如故衆以爲奇
號曰靈石僧自
省因而建院

興教院在縣南十五里承務鄉晉天福四年建號
道林院宋治平二年改賜今額宋末燬明天啟五
年僧寶舍移建于梅山嶺去城六十里順
治初年又移建于迎恩門外地名婁港去
郭五里雲棲法孫內衡銓藏靈骨於其中

奉聖院在縣南二十五里承務鄉唐開元十六年
建號戒檀院宋大中祥符
改今額久廢

華藏院去縣西南二十五里承務鄉唐咸通四年

建號華嚴院宋治平三年改今額久廢

寶壽院去縣西三十五里迎恩鄉唐大順三年建宋大禧初改建清化院景德初改寶壽院順治七年僧大鼎重建改爲寺令法嗣山容繼席

萬勝禪院去縣二十五里迎恩鄉唐大順年間建順治九年僧德明重修

普嚴院在縣西一百二十七里元至正初僧善至建

太清蓬萊道院在縣東北六十步臥龍山麓元延祐三年邑人孟成之捨地道士張玄悟建明嘉靖十六年知府湯紹恩改名太乙仙宫二十一年知府張明道復題爲額紫陽道院後

道士虞宗衍置地建東西二樓久而傾圮順治十
四年邑人以西樓遺址建美政坊土穀祠縣令奉
憲文特歲
時致祭焉
玉虛道院去縣東南二里元大德四年道士呂雷
山建弘治間道士馮廸玄增修
治平道院在縣東南三里元大德四年里人溫平
捨地道士徐仙翁建
萬化禪院去縣西二十里地名石涇康熙六年間
里民陸慧鑑捐貲延請芥隱禪師因廢復建
檀香禪院去縣西北五里北海橋東順治六年僧

異目建

天妃宮一稱廟詳見後卷

東嶽行宮在縣東北四里宋大統二年邑人全少保捨地道士林處茂建

開元宮在縣東南二里許唐開元二十八年建舊六十甲子殿宋時已廢

熒惑宮在縣東北大節祠嘉靖二十一年知府張明道改爲愍孝祠

瑞應宮在縣西北十里宋皇慶間建元至正己亥燬于火今廢

浴龍宮在虹橋乃宋理宗兄弟幼時浴處

祐聖觀在卧龍山東麓岸側有則水牌嘉靖二十年知府張明道改郡大節祠

雷殿在卧龍山上府城隍廟東

玄帝殿舊在蓬萊閣下郡守汪綱移建卧龍山上崇善王祠前所建玄帝殿城鄉多有不具載

聖父殿在縣東北三十三里陡亹閘上祀張大帝生父靈澤王總制梅林胡公宗憲撰碑覇石煥然

都土穀廟一在縣東北三十三里五都陡亹一在

縣西北四十里三十三都湖門鄉隅稱都者甚多
惟二廟專祠祀本都之都土穀神有六曹衛士束
帶侍立

指月禪院在縣北三十里僧若魯玉通建爲接待
雲水賴之少憇

福林禪院在縣北三十五里晋天福年僧茂宗開
山後燬於火今僧戒舟重建併法堂

山陰縣志卷第十六

祠祀志三

廟 菴 墓

郡城隍廟在縣治西卧龍山麓山之上下各有殿殿廡殊制上有吳越王鏐碑記詳載郡志中（明王誼詩）懸崖幾轉路如梯闌楯憑虛俯澗霓高閣迴臨飛鳥上層城半繞卧龍西雲籠疊嶂脩蛾偃烟寫遙空匹練低無限夕陽平遠景重來看我向君題（謝太傅遷詩）迤邐岡巒隔市塵崔嵬臺殿集高真天低象緯先分曙地接蓬壺獨貯春大府建牙森棨戟仙壇煮石足荆榛蒲前多景眞奇絕老眼于今又一新○上殿西偏有星宿閣前列梅嶺諸峰最爲

勝絕（蕭鳴鳳詩岑樓厰虛牖羣峯翠堪拾獨卧春霄靜乍暝秋風入溪雲忽成雨幽竇泉聲急夢過天台巔足下星辰溼　沈鱗趾詩萬木蕭條衆壑風春來猶自卧蒼龍澄湖百里烟波靜遙嶺千重黛色空殿倚雲霄燒寶鼎宮連星斗響虬鐘倦來一覺香臺上呼吸應教帝座通）再西有湖山一覽堂下瞰王公池前帶鑑湖○下殿之東有思敬堂前有池曰凝碧（因有凝碧池頭奏管絃之句於義未協改爲靈筆）池西有劉太守祠東有文昌祠（張元忭所建康熙二年孫有聞捐貲改建爲閣）

縣城隍廟（按舊志嘉靖二十一年知府張明道知縣許東望新建於太淸宮側後知縣耿庭栢建于

演武場東紫金坊規模益加宏麗

〔火神廟〕在寶珠橋之側嘉靖四十四年縣多火災知府楊兆相建以祀熒惑之神

〔塗山大禹廟〕去縣西北四十五里禹會鄉塗山南麓世傳禹會諸侯之所宋元以來咸祀禹於此明始即會稽山陵享祀廟遂廢一在三江巡檢司北

〔唐杜甫詩〕禹廟長藤蘿生靈享祀多九年非禹力天下盡江河〔宋王十朋詩〕鑿目英雄吞四海血祀初期千萬載稽山木像棄長江逆沂波濤鬼其餒烏喙辛勤十九年平吳覇越世稱賢故國無人念遺烈山間廟貌何凄然馬守開湖利源迥歲沃黃雲九千頃年來遺跡半湮蕪廟鎖湖邉篆烟冷吳

越國王三節還盡將錦繡畀江山自從王氣熄牛斗廟北郢王屋一間乃知流光由德厚祀典誰能如夏后九年洪水滔天流下民昏墊堯心憂帝懼萬國生魚頭錫禹洪範定九州功成執玉朝冕旒奔走訟獄歸歌謳南巡會稽覲諸侯書藏魅穴千丈幽蟬蛻塵寰不肯留千古靈廟依松楸吾王盛德與禹侔非食卑宮惡衣裘思禹舊績祀事修小臣效職躬薦羞仰瞻黼冕懷遠猷退惜分陰惠惰偷嗟乎越山高兮可堙而疇惟有禹貢聲名長不朽告成世祀無時休

朱太守廟在昌安門外文應橋西漢太守朱買臣守郡郡治在吳而越民思其功故立廟祀之張世昌詩

會稽太守吳門客昔年負薪人不識衮龍天近日易明天馬門深露猶濕漢家天子登夔龍百年禮樂唐虞風金印歸來大於斗錦衣直照天南東丈夫英雄誓許國生當封侯死廟食烏啼老屋起秋

風淚痕溼
透羊公石

劉太守廟在禹會鄉郡人建以祀漢太守寵唐曰靈應廟宋改封靈助侯元至正間周祖紹移建於錢清北鎮（元王叔能詩）劉寵淸名舉世傳至今移揀大錢（高啓詩）亭亭樹間祠落日小江口停舟拜孤像閉幔蒼鼠走憶公治郡時德感山谷叟臨行謝其餽清風在茲久我方東征急不得奠杯酒惆悵出烟扉前村夜聞狗

馬太守廟在縣西六十里廣陵陡門上一在鑑湖東漢馬臻爲郡守開創鏡湖築塘蓄水遺利甚溥民立祠祀之（宋王十朋詩）會稽疏鑿自東都太守功從禹後無能使越人懷舊德至今

廟食賀家湖宋徐天祐詩澄湖昔在鏡中行總是當時畚插成莫訝靈祠荒蘚合烟波萬頃已春耕

梅仙廟即梅福在梅里尖之麓去縣西二十里嘉靖間知府張明道即梅山寺立像祀之

史浩廟浩守越奏免湖田糧恤災庇民民爲立廟額曰彰德在戒珠寺前

王佐廟在縣西七十里山西村其墓在焉

愍孝廟在卧龍山之東寶珠橋下宋孝子蔡定痛父非辜陷刑辟投府橋河中冀免父刑太守王詢奏聞於朝立廟祀之賜額愍孝

鮑府君廟舊在陽堂山東北嘉靖十六年知府湯紹恩改建於能仁寺西鮑郎名蓋後漢人爲縣吏有功德于民歿葬三十年其尸儼然如生郡人追思其德立祠祀之

武陵王廟在謝公橋北祀梁武陵王紀嘉靖間知府洪珠改建社學

祠山大帝廟在府橋東宋時所建神姓張名渤佐禹治水有功土人思之立廟以祀

都土地廟一在縣東北水澄坊如坻倉東一在戒

珠寺前

五顯廟在縣治東南五顯坊內其餘五顯廟最多不殫入

關王廟在縣南演武場內各坊里所建者以百計

解元廟在縣南十五里

龍口廟在鎮東閣之側

江東廟在縣城東北三里神姓石諱固秦時賴人祀于賴江之東漢陳嬰討南越神顯靈以捷報此廟祀之始也越之有廟不知始自何時惟見宋賜額曰嘉濟又一在諸暨縣東

孔府君廟在縣城南二十五里又稱孔郎廟晉孔愉也世說孔車騎少有嘉遁意常獨寢高歌自稱孔郎遊散名山百姓謂有道術爲之立廟今猶有孔郎廟舊志又云愉隱新安山中改姓孫氏以稼穡爲事信著鄰里後忽舍去皆謂爲神人又一在故宅畔

虞山廟在縣城西七十里夏履橋

鄭太尉廟去城十二里在樵風涇宋華鎮序曰鄭相起樵風是也以郡守第五倫之薦致位三公與

倫並列可謂盛矣祠宇之下至今猶有風朝南暮北鳴玉鏘金漢上公當年榮與舊君同故山廟食千秋後來往猶乘旦暮風事載廣輿考

神洲娘娘廟在卧龍山後

柯橋城隍廟在縣西三十里宋時建

西湖廟在縣西四十五里夏履橋西山之麓元時有袁氏伯仲叔三人俱正直忠厚有功于里歿而奉爲保障云

稽山大王廟在縣西十五里明蕭鳴鳳讀書處有記郡東南巖壑最美而神所棲則鶡鶚山北麓也林小而秀谷淺而幽前後八鄉廟是神而俎豆焉詰夫經始與神之貨

來或曰神與禹共治水有功夫禹功赫赫萬世而茲神不顯獨俎豆一方何也俗稱神掌百蚕昔伯益司昆虫草木會號百蚕將軍意者此其是與又曰廟初址構于他處一夕風雨移之以神之英靈此事誠宜有之廟面秦望方峭魁正如玉屏右筆架左天柱香爐琵琶諸山橫其東銀山亭山蛇其北連岡複巘四合而奔衛其中塍畝百頃川渠交錯會稽佳山水一憑几而幾盡之矣神宮旁有椽數楹墻數匝高松古栢數百顆風來月度時時作笙竽聲瓌瑰影春夏日衆鳥交呼嚶嚶不絕及欲振袖高峯橫睇羣岫自後皆舉足數十武即陟其巔不煩載展升也至夫汎漣漪採菱蘅蒼波白水相去不過百尺地故仰而即山俯而即水登臨者莫此爲適惜乎余之不文不足發揚茲山之美西望五里蘭亭以右軍傳南眺十五里秦山以秦皇傳東瞻八九里禹穴以太史公傳茲山也其孰揚之而孰傳之與將不恃于人而仍恃神以揚之傳之與沈麟趾詩半壑臨秋水松陰遍上方書聲和

梵響講席間禪房老衲依然健新篁
如許長山門閒眺望雲樹共蒼蒼

武肅靈臺廟在一都五啚

四王廟去縣西一十里蓬萊驛前

雙廟在縣西北三十里梅墅鄉朱咸地方皆祀土
穀者宋時建

張大帝廟去縣東北三十三里陡亹閘上自昔題
請祀宋漕運官張行六五者嘉靖十六年知府湯
紹恩築三江閘以神有捍海禦倭功立廟新閘堤
上內有湯太守祠閘成民戴其功祀之神本長山人最靈顯

於陵寢祀典春秋二祭三月六日聖誕本縣躬行致祭競集龍舟以稱慶坊里建廟甚多不殫載

靈惠侯廟在秦望山之麓去縣南三十里

聖姥廟去縣西南三十里

柳姑廟去縣西十里胡桑埭之東前臨鏡湖荅湖山勝絕處也

靈助侯廟去縣西五十里錢淸鎮上

銅井瑞澤龍王廟去縣西三十里

天妃廟去縣西北十五里在城者四一在府山後一在大營一在水溝營一在光相橋西皆運官建

景氏二廟去縣西九里

感聖侯廟去縣西北二十里感聖湖上詳山川志

葛玄廟在縣北十五里靈芝之鄉大葛村今爲大葛土穀祠

昭澤侯廟去縣西南七十里溫泉鄉其神姓宋本富陽巨族生有神靈成化間溫泉鄉多虎患故建

謝尚書廟在瀝渚埠去縣西南三十五里

虞山廟在夏履橋去縣西七十里

防風廟去縣北二十五里禹戮防風此其遺跡

項羽廟去縣西南三十里項里溪上俗傳項王不喜舍宇構石亭數座詳山川志

福順王廟在縣西北七里

贊禹龍王廟在縣南二里

利濟王廟在縣西南五十五里祀東漢太守馬臻

七尺廟在縣西四十里湖塘村禹戮防風氏戾遺鑑湖之溫泉鄉後賀知章第五子没而保障于此里人構廟掘地中得脛骨長七尺因名焉

黄壁關王廟在縣東南一里明初繪像于壁靈顯

倍常

紹興娘娘廟在大善寺內梁天監三年有錢氏女未嫁而歿遺言以奩資建寺僧澄貫主其役寺成賜名大善又勅封錢氏爲紹興娘娘

菴

蛾眉菴在縣東北一里內有活石隱起僅二尺許俗人誤認爲八山中之蛾眉故名

集慶菴在縣西一里卧龍山下王公池側宋咸淳五年僧法雨建

圓覺菴在縣西一里卧龍山麓元大德三年建

淸涼菴在縣西半里許

顯慈菴在縣東南半里許

捨子菴在縣南四里

覺道菴在縣西一里卧龍山麓元大德三年僧浮耆建旁有三汲泉

石室菴在縣北二里晝錦坊元至正二十五年建

妙心菴在縣北三里新河坊宋咸淳十年建

淨聖菴在縣東南一里許

淨明菴在縣北四里許

紅蓮菴在縣北四里許

奉眞菴在縣東北四里

大乘菴在縣東南二里今改爲土穀祠

市門菴在縣東南二里

止水菴在常禧門外賀監于此止水東漢會稽太守馬臻築塘𢇁湖祀土穀龍神南去里許馬太守墓與祠在焉萬曆間僧玉峯鼎新有黃齊賢碑記

崇禎庚辰里人金一和重修建

琶山菴在縣南八里許承務鄉宋乾道六年僧仕育建

雲西菴在縣東南三里

清遠菴在縣東北二十里感鳳鄉地名石泗宋乾道二年待制陸佃捨地僧志誠建

石宕菴在縣西九里迎恩鄉地名九里宋乾道五年僧惠明建

積慶菴在縣北十五里靈芝鄉宋紹興二十年建

湖山菴在縣西南十五里迎恩鄉宋咸淳二年

善維建今歸併戒定寺

稽山菴在縣南十里承務鄉宋嘉定十年僧智惠建

蟾山菴在縣東北二十五里感鳳鄉宋咸熙十六年建

崇慶菴在縣東北二十五里感鳳鄉

柯橋放生菴去縣三十五里康熙己酉闔鎮捐貲買珠字號蕩放生

袍瀆菴在縣東北二十里巫山鄉宋建炎二年建

永仁菴在縣東北十七里

梁家菴在縣西北二十五里

澄心菴在縣北十五里感鳳鄉元至正二十五年建

翼龍菴去城五十里遺風地方順治年間僧慧劍重建

雙髻菴在縣西南七十里温泉鄉上村地方明時建

大悲菴去縣四十里地名徐村順治年間僧古梅重建

渡船菴在南堰門外有二船渡往來者

南秀菴在南堰門内

石泉菴在縣南十里宋時建

無量菴在縣城南二里

靈鎮菴去縣西北六十里禹會鄉樗里地方

永慈菴去縣治五里在印山之前背山臨流地甚佳勝明建坊旌義董氏特建以奉佛其子張陞承母志捨僧作禪院

大樹菴去縣東北十里大樹港之滸宋高宗封其樹爲松楊長官故以樹爲神本邑文學單國驥撰記宋靖康之末高宗初迎兩宮于金營將留以爲質金人不知帝爲徽宗子也遣之既出有云若爲康王且有天子氣盡速追之於是兀朮以精騎三千尾而追之高宗之馬罷而邁有神贈以馬浮水而過視之其馬化爲泥始知爲神馬也立爲祠祀之此其事傳矣乃有松楊之神更奇於馬者而事反不傳且及今五百

年英靈烜赫尤有足多者焉松與楊蓋二木也在越城之西北十餘里今所稱大樹港其故址也二木高且大不知植自何代弗可攷矣時金人追康王急至大樹港長河瀰漉無以濟松與楊忽自拔其根僢于水兩木相向如覆舟狀帝緣木而渡及崖顧其木仍昂首自植已而金兵至望崖際袤廣無一戢棧繫疑之其松根砍裂樹杪水濟濟不絕且隔岸長楊亦然度木所濟者怒而伐之截爲數段委於河而返高宗得入西門官軍護駕駐越州乃曰非松楊渡我不及此使人至樹所驗其跡報曰金人斬松而退其楊亦自萎矣遂以長官封之故後人相傳曰松楊長官云木生而有知者久而益靈因漂泊于城之西北若護城郭狀俯仰浮沉出沒自如雖疾風不爲上雖湍流不爲下予家界大樹港五里許自幼及長往來掉舟時歲必三四遇觀其色黯而澤長不過丈許大可一圍行舟者偶遇之多吉見而有意觸之災禍立至或因水漲時入隄即偃卧隄上雖遲久土人不敢犯至水復

來仍乘流而去此迨古今一神物也尤異者自南宋迄今五百年所未嘗離于數十里之外至順治丙戌以後凡十年許不復見己亥冬日復出大樹港東南隅横眠波上於是邑人某某者集百餘人迎其木于崖爲築廟祀之嗟乎聞諸陳封石爲三品始皇封松爲大夫彼頑而不靈者得大位松楊之功烈高矣而乃薄其封則今之享大官厚祿不崇朝而喪隅失節焉者對此木能無愧乎

何山菴在縣南五里承務鄉

上方菴在縣南四十三里承務鄉宋咸淳六年僧一大建

清秀菴在縣南十里承務鄉宋嘉定十五年董仕義捨地建歸併至大寺

六度菴

在縣北三十里巫山鄉王相橋北萬曆年王恭簡公偕僧處空建

六度菴在王相橋畔初一椽耳萬曆間開士處空修普賢行先恭簡爲拓地結菴時橋圮處公督其徒營綜橋事橋去三江閘不二里受諸浸衝闢弛水决洪濤崩瀉魚鱉顛倒舟楫戒矣于是廣門鋭礎以駛流而殺勢益以繩竹邪許以相濟者便焉且晝飲宵燈雨笠施行者靡弗至自改建來垂五十年舟絕覆溺行絕艱虞則菴德也先恭簡以令名額之明是菴之有處公也外弘傳施內斂實修六度舉而萬行囊矣嗣之者林谷益修禪定進之向上問道天童服盧祖之行不言而躬造朴表朗中其臨衆也和氣肅繩好延納諸方諸方至者如歸山和尚每過鑑湖必先六度六度之名重于諸方矣顧師目視則欿然也嘗痛法道秋睨蓺席混濫意欲剷鉏毁拂消聲滅影與諸學子向古廟

香爐邊領取威音那消息則居然舡子誠亮座主之風矣橋成而菴拓又得林師主之大而久日可竢也菴規劃無崇麗相作準雲棲堂寮取足供佛棲僧山門庖湢具體而已然入之而舍宇無塵行庭無人器鉢無声肅肅焉栝栝焉其門庭爲何如耶菴之址爲地八畝許其施於菴而飯僧者爲田七畝許先恭簡許志之久于官未果壹自丙戌遯訪緇髡先庚寅之冬山和尚主大能仁壹請受戒林師爲教授頻以記屬壹以先志不敢辭次也大畧以告夫後之居是菴者知有處公林師之人而后有是菴也（山陰王壹撰）

〔萬窠菴〕在縣北四十里齊賢里蓬萊山北萬曆間處空開士掛瓢此山與其徒徧虛道等手自誅茅王恭簡公見而慫惥其成遂建焉山陰祁熊佳記

峽山菴在縣西南二十里承恩鄉元至正十五年僧智惠建今歸併大能仁寺

盤峯菴在縣西南五十里溫泉鄉洪武二年惠生捨地僧文顯建今歸併天章寺

清淨菴在縣西南七十里溫泉鄉地名寨口宋元祐七年劉氏捨地僧法惠建今歸併青蓮寺

湖門菴在縣西北三十里宋咸淳三年包氏捨地僧惠登建

道堂菴在縣西北三十里梅墅鄉地名福嚴宋咸

淳二年建今歸併柯橋寺

道林菴在縣西七十里新安鄉宋淳祐二年曹宗榮捨地僧道林建

清惠菴在縣西七十里新安鄉宋咸淳二年建

望江樓菴在縣西北三里宋時建

萬春菴在縣西南四里上植坊元時建

永慶菴在縣東南半里美政坊宋時建

會日菴去縣西北五十五里禹會鄉僧陸楙建

深雲菴在縣西七十二里新安鄉元統三年建

圓明菴在縣西七十里新安鄉元至元六年建

靈峯菴在縣西七十五里元至順二年建

清隱菴在縣西一百二十一里元天曆元年建

德脩菴西郭門外諸公韜捨宅友屠昌耀添置田產與玄路師延鷩林和尚傳宗

廣成菴西郭門外里人王元秀同室沈氏捨建并造塔置田供師

萬善菴在縣西一百二十五里天樂鄉宋延祐二年建歸併慈禪寺

資福菴在縣西二十里梅墅鄉宋咸淳二年建

興浦菴在縣西北三十里梅墅鄉宋咸淳三年建

成家菴在縣西北二十二里梅墅鄉宋咸淳元年建歸併上方寺

墓

越王允常墓在縣南十五里木客山

越王勾踐墓在縣南九里

勾踐子墓在縣南三十里夫山上按越絕世家勾踐之後爲王子鼫與而庾子不得其名

文種墓在縣西卧龍山麓勾踐既覇大夫文種未能去或譖於王乃賜種劍死葬於此輿地志云潮水至越山先

其屍世傳子胥乘潮取以去之今鈌處是也（宋徐天祐詩）越種吳胥最可憐傷心賜劍兩忠賢浮丘無地埋靈骨却送潮頭嚙墓田

（陳音）墓在縣西南五里今名陳音山音越王時善射者詳山川志

（灼龜公）墓在縣南五里（按越絕云）勾踐客秦伊善灼龜者疑卽其人而云其冢曰秦伊山者未詳按十道志云在龜山之下

（靈文侯）墓在縣境漢薄太后之父卒葬于此追封靈文侯今日靈文侯園

（謝爽吾）墓在縣治東北一里府治儀門下初爽吾

將死囑其家曰漢末當亂必有發塚露骸之禍宜懸棺下葬府門下其家從之故墓獨存

〔孔愉墓〕在縣二十九里卽孔車騎

〔郗愔墓〕在縣西南二十五里愔本高平人鑒之子遂留寓於此

〔謝輶墓〕在縣西南三十三里晉大元中會稽内史

〔謝靈運墓〕在縣西南三十三里靈運死廣州攜葬於此

〔徐浩墓〕在縣南二十一里

賀知章墓在縣南九里其地因名九里墓在山巔鄉人呼爲賀墓

馬太守墓在縣三里鑑湖舖西

康希銑墓在縣西三十里蘭亭舊有墓碑顏魯公撰并書宋郡守吳奎㩗去又康德言墓在漓渚𡵆石湖傍湖之得名以其墓上有石𡵆𡵆載碑故云

魏惠憲王愷墓在縣東南三十里法華山天衣寺故址王諱愷宋孝宗第二子也王嘗領雍州牧旣薨命厝紹興善地

陸潛墓在縣西南三十里黃茢嶺上

齊尚書執象墓在昌原

傅墨卿墓在縣西南承務鄉

宋脩撰煇墓在縣九里

朱提舉與宗墓在縣西南三十里苦竹村

王中書孝廸墓在縣九里

陳中書過庭墓在縣南西三十里黄祊嶺上

王特進俊義墓在縣西六十里棲山西尚書佐墓

附焉

司馬提舉梘墓在縣南五里亭山

呂顯謨正巳墓在縣九里

曾文清公墓在縣南三十里秦望山道樹村曾公諱怘

杜太師祁國公墓在永昌鄉苦竹村唐之淳詩蕭蕭隴頭樹下有祁公墓祁公宋良臣埋骨此其所野老向我言公生我鄉土三十中科名四十典州府五十任中外六十掌機務七十拜相公八十歸泉路爲人仁且賢職職盡其度身終名不亡烜赫於竹素左右種栢松東西藝禾黍禾黍既離離松栢亦楚楚凡百我里人懐賢當繼武

孫威敏公沔墓在承務鄉

陸太保昭墓在承務鄉左丞之四世祖葬於此墓碑尚存

趙太師墓在承務鄉淸獻公之祖與陸氏正相對墓碑亦存

唐右史閱墓在縣西南三十里蘭亭

李太尉顯忠墓在縣東南三十里法華山

石銀青元之墓在盛塘孫端中邦哲附

唐運使閱墓在縣西三十里古城

石提舉墓在縣南二十里謝墅

太師賀孝敏王士奎墓在縣東南三十里天衣寺法華山

唐少卿墓在縣西二十五里蘭亭西

邁里古思墓古思係紹興錄事司官掌總督越爲御史拜住所殺溺其首涸中公未死前三日有星大于盃盌墜鎮越門化爲石今墓在蕺山内 明吳騏詩 鎮越城邊將星墮蘭臺忽起蕭墻禍殘軍不領戰衣歸屍首那將革囊褁傍無石獸表無文至今不識誰家墳棠梨花開曉無跡墳頭高處羊成羣憶昔孤城臨大敵保全竟賴斯人力當時不見起祁連向後誰能錮陰宅百年陵谷儘如斯故老于今有口碑玄堂陰深土花碧萇弘流血應淋漓

唐肅墓在縣南二十里赤土鋪

鐂績墓在縣南三十里直步

羅頎墓在梅山馬莊嘉靖十年知府洪珠立碑表墓

王守仁墓在縣南二十里花街洪溪

白太守墓在縣西北一里許卧龍山之陰即知府白玉墓嘉靖二十一年知府張明道祔祠

漏澤園在縣南七里崇仁三年二月有詔收葬枯骨凡寺觀旅櫬二十年無親屬及死人之不知姓名或乞丐并遺骸暴露者令州縣命僧主之擇高原不毛之土收葬名漏澤園

張元忭墓在南門外南山
徐渭墓在木栅山
趙錦墓在婁家塢
朱燮元墓在九里山
劉宗周墓在平水埠
祁彪佳墓在亭山
孫鑨墓在縣東南二十五里鑄浦山
孫如法墓在縣西南六十里鳳凰山
補

宋狀元開國伯贈越國公王佐墓在山陰縣西六十里山西村竹里峯之麓右有廟像曰忠孝祠係同榜進士新安朱熹所書其墓不封不樹爲豪右所侵

國朝康熙七年間佐之子孫以墓地訟三年不決時郡侯漢陽張公三異秉公踏勘同郡丞常熟孫魯及山陰縣令鍾祥高登先會審明正侵葬之罪而得完越國公之墓其先豪右托當路箝攝郡侯張公毅然曰吾豈以一官介意而遂可骩法耶卽詰

省陌白撫軍廣寧范公承謨乃得定案後於[illegible]
果掘出南宋全皇后妹合葬墓碑始知佐之[illegible]
婦附葬於此且子孫附葬墓旁者二十餘穴皆[illegible]
由是闔郡益服張公之神明云
俞女墓在縣西北三十里張瀆近翁仲
墓碑頭兕[illegible]孫廸功弘舜重建宋狀元方山京撰

祠祀志三終

山陰縣志 卷十九

府城隍廟圖
越望亭
柴翠亭
文昌閣
城隍殿
甬道
祠祀志三

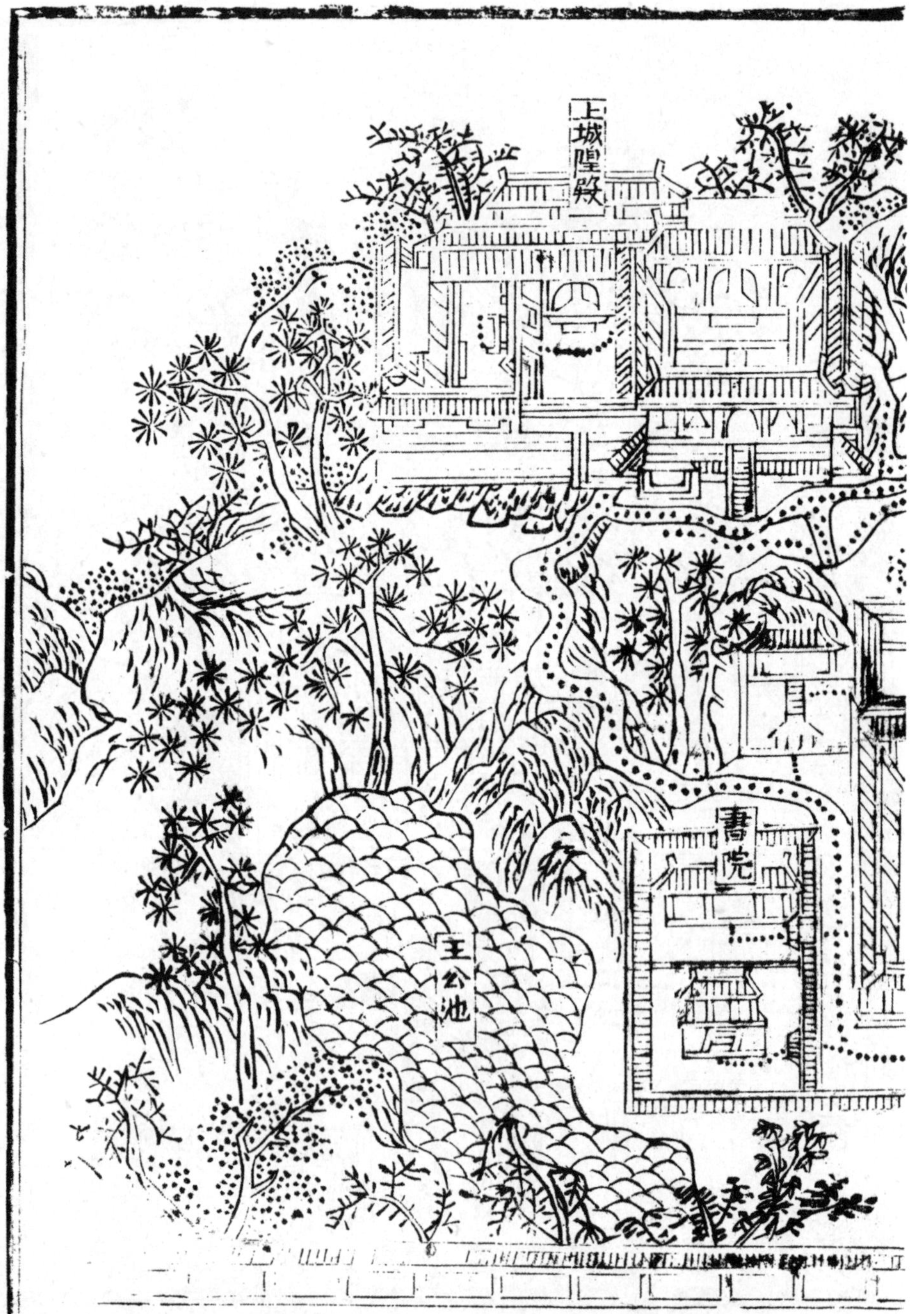
上城隍殿
書院
王公池

山陰縣志卷第十七

武備志

軍制　戰守　軍器　海船　保甲　斥堠

教場　附圖一

補 史曰文武不具不可以爲吏則是邑宰者固與師武臣相表裏而有封疆之責者也故曰得良有司一可當勝兵十萬而凡一政一刑皆足以固苞桑奠磐石焉然城池斥堠軍馬器械戰守之具不可以不設也舊邑志不載今作武備志

軍制

按勾踐始困會稽帶甲五千人及伐吳則習流二千俊士四萬君子六千諸御千人生聚教訓盛矣并吳後又有死士八千蓋益以吳人也秦興置材官漢治樓船以爲水戰之具唐府兵滿萬騎然非專隸越州者也宋禁廂之制頗具行在焉禁軍乃京師之兵而廂軍則郡國所有始猶自京師分遣壯卒爲募士之準謂之兵樣然禁軍教閱以備征戍廂軍給役而已禁軍有退惰者降爲廂軍謂之

落廂自熙寧後置將官而禁軍又有係將不係將之別則禁軍亦分爲二焉明紹興府設三衛五所隸浙江都指揮使司仍總轄於左軍都督府此禁軍之例也而各衛所復有帶管及召募名色此廂軍之例也弓手領於巡檢司堰營土寨不與焉規模與宋不甚相遠但衛置卒五千六百人所一千一百二十人合之得二萬二千四百人後革餘姚千戸所則減一千一百二十人而帶管召募之數各衛所多寡不一指揮郡將也千戸營將也百戸

鎮撫隊將也大務取防海居常則用以弭寇賊正德中王晋溪爲本兵乃起民兵之議令民壯快手捕盗等名色是亦廂軍類也然此皆以通府而言非專隸山陰也山陰則有民兵一百二十二名三江巡檢司則有弓兵三十六名白洋巡檢司則有弓兵三十二名今
國朝衛所等官多裁汰順治五年始額設紹興城守副總兵一員轄左右兩營各都司一員守備一員千總二員把總四員兩營共副都守千把官一十

七員共兵一千六百名馬一步九此爲經制之額

順治十三年奉文兩營增兵五百名康熙八年紹

興協鎮副總兵同左營都司右營守備帶千把官

八員兵丁六百名駐府城其山陰縣有三江所設

左營都司一員把總一員兵三百名瀝海所設千

總一員兵二百名山陰縣民壯除裁汰外今止五

十名三江巡檢司弓兵除裁汰外今止九名白洋

巡檢司弓兵除裁汰外今止五名

戰守

按紹興府舊志三江閘北去縣三十八里山會蕭三縣賴此蓄水宜防守

〔三江港〕港口深濶外通大洋甚爲險要賊艅若泊宋家溇突入腹裡從陡門一帶海塘可抵郡城最宜守

〔三江所〕雖未濱于海然去省城百十里海上有警烽火于此通焉嘉靖三十五年倭寇突犯攻城我兵敵退境內無虞以緊守三江所故也

〔古博嶺〕一名琥珀嶺去縣西南四十五里與諸暨

楓橋接壤明初胡大海克諸暨自茲路戡越嘉靖三十三年倭寇擾吾邑亦由楓橋進山間寇益俱由此入境宜防守

軍器

明制陸兵長技諸器械相濟中哨三隊俱習鳥銃每什以二人習刀牌二人習狼筅四人習長鎗二人習鈎鐮短鎗暇時俱習弓弩如鳥銃衝陣則刀牌手護之刀牌手衝陣則長鎗手護之弓弩鎗鐮手衝陣則狼筅護之兵制之常經也

〔水兵〕則以火器爲便又衛所各有軍器局縣署內
有火藥庫今俱廢而弓牌狼筅等器亦俱不設止
用弓箭長鎗鳥銃等項城門有大砲守之每二十
垛又有架砲臺以防不測

戰船

明制沿海原有戰船其名目不一或三年小修六
年重修九年拆造或一年二年燀洗三年輕修四
年重修五年拆造至我

國朝重沿海之防戰船則有鳥船水艍雙篷舶水底

攻沙船虎船之類定制五年一修十年一造民或
稍累至康熙四年部院趙廷臣批行官採官造而
科派不行焉
附戰船說探哨莫便于刀舸衝犂必資于樓船福
船形勢巍峩望若丘山建大將之旗鼓風行瀚海
撲賊艇如鷹逐鸇此海防第一法也然而轉折艱
難非順風潮莫能動或造作脆薄又苦颶浪難支
唯利深洋耳若小哨叭喇虎之類則追勦便捷易
于得勝故好事材官遂謂小船當增大船當減之

説且云于科作爲省豈知小船止利于零賊之追捕而不利于大舉之禦攻豈可因噎而廢食也耶

保甲

城鄉各行保甲法每十家爲一甲各書男婦若干口一甲立一甲長每十甲爲一保立一保長印捕官按期查點凡盜賊逃入俱令互相盤詰

沿海居民五家爲伍十家爲保伍有伍長保有保長共防奸民下海有警則協力禦敵

府城于要隘處各列栅門一更盡則閉五更初則

啓

水鄉于橋渡處設水柵名曰滚江龍一更盡則閉五更初則啓令該地方里長總甲守之所以防萑葦之鼠竊也若時逢豐熟世際昇平又不在此例

烽堠

大約山陰之地南則面山北則枕海東連會稽西接蕭山及錢塘其要害處在沿海一帶遇潮發直到海塘脚下潮既退所留惟壅沙耳壅沙之脚二三十里小漁船可行自昔防賊防于臨山瀝海而

山陰沿海但設烽堠以伺之烽堠有六一在龜山一在馬鞍山一在烏峯一在宋家漊一在黨山一在蒙池山毎墩有守兵編立傳烽歌并發更籌毎夜二轉備禦戒嚴

教場

府教場自晉以來並在五雲門外唐遷城西迎恩門外宋時有大小二所小教場在卧龍山上嘉定閒郡守汪綱以其狹隘廢之改作院自元以來已非故處

大教場在府署東南五里一百五十步稽山門內繚以垣墻中爲堂曰雄武明洪武初遷于府署正南一里三十步常禧門內有演武堂前築將臺其地曠衍可一百畝歲久爲軍民侵牟嘉靖間御史舒汀按節觀兵始正規制築西圍墻東西深二百四十一弓官廳前南北横廣九十一弓西盡墻南北横廣五十弓總捌拾伍畝有奇

國朝因之今協鎮標兵多牧馬于此或時操演并試武生武童康熙八年因安插投誠人口造營房數

十門

附紹興協鎮左營都司王自功移覆山陰文于左

康熙十年紹協鎮左營都司王爲修誌事移文山陰縣內開順治三年六月內大兵由省城至紹郡卽丙戌定越之始也設副將二員守備七員帶兵一千五百四十名時因初定山賊海寇兩訌當蒙憲慮隨卽發旗下總兵官一員臨紹興鎮守統官兵一千六百員名順治五年間蒙　部議始定經制裁去前項惟額設紹興城守副總兵一員轄左

右兩營每營各設都司一員守備一員千總二員把總四員兩營共副都守千把官一十七員帶兵一千六百名馬一步九此經制之額也苐初定時山會等共八縣地方賊寇嘯聚據險盤踞傷殘百姓紹鎮官兵分頭遣發直擣巢穴至八年稍有寧宇又海寇連檣窺伺所屬邊海屢經入犯順治十三年間蒙

撫院蕭起元題爲閩寇增船流突等事奉文兩營共增兵五百名順治八年間蒙

上差蘇大人查看邊海其溫台寧三府居民遷徙內

地惟我紹屬止揷界旗以内外限生死康熙二年
奉文沿海畚釘界椿築造烟缸墩堠臺寨豎旗杆
設目兵五名十名不等晝夜巡探編傳烽歌詞備
禦戒嚴康熙二年間蒙部議將寧波提督移駐紹
興府其紹興副總兵移駐三江所康熙四年間蒙
上差大人胡他西三位駐劄定海招撫投誠巡視海邊每
年輪流五六次不等五年間奉撤康熙七年間蒙
上差巡海大人濟邁查三位同總督部院趙　由福建出
巡八年二月内到紹同提督劉　議定仍將提督

移駐寧波府紹協副總兵同左營都司右營守備帶千把官八員兵丁六百名照舊回駐紹城其三江所安設右營都司一員把總一員兵三百名瀝海所設千總一員兵二百名臨山衛設千總一員兵二百名觀海衛設守備一員把總一員帶兵三百名奉文于五月二十四日紹協副總兵因前衙署營房歸還房主晉業荷府縣會議紹協副總兵暫駐分守道衙門左營都司係兩縣暫借常禧坊張宦房屋爲公署右營守備暫駐都泗坊民房其

把總紅旗百隊兵丁有山陰縣上植下植兩坊堤標舊住民房六百餘間安插左營官兵外又有會稽縣點中望都泗坊提標舊駐民房若干間安插右營官兵外及投誠効用官兵俱兩縣安插菴堂寺院暫駐今實在官兵除奉文抽調防守外府裁減淨兩營止額兵一千八百五十名每月共支餉銀貳千肆百壹拾兩柒錢肆分叁釐柒毫糧米伍百陸拾伍石官馬皆官自備共壹百壹拾柒匹兩營軍火器械銃砲鎗刀弓箭棉鐵盔甲鉛鐵彈子

等項共貳萬叁千壹百玖拾貳觔件沿海城堡臨
觀瀝海三江共五座防邉臺寨連寧波府屬共三
十一座內慈谿之松浦古窰淹浦新浦下寶旗山
東山共七臺因本標官兵駐防觀海分撥汛兵代
防寧屬七臺外紹屬共止二十四臺自蕭山縣龕
山臺起至山陰縣烏峯臺龜山臺黨山臺馬鞍臺
蒙池臺宋家漊臺會稽縣宜港臺鎮塘臺桑盆臺
判官臺瀝海北門臺上虞縣踏浦臺荷花臺顧家
路臺整橋路臺崔家路臺趙家路臺勝山臺曲塘

臺以上沿海縣二十四臺外尚有蕭山之長山臺餘姚之臨山北門臺二臺俱同時建造今已奉文撤防惟查郡城梁戶共貳千七百三十六個窩鋪一百十八座外今又奉總督部院憲文內開觀海衞仍設守備一員把總一員減兵一百名仍帶兵二百名臨山衞改設都司一員減兵五十名仍帶兵一百五十名瀝海所千總一員減兵一百名仍帶兵一百名三江所改設千總一員減兵二百名仍帶兵一百名沿海各臺兵共計一百七十名今

應照舊其餘所存官兵俱留紹興府城及汛防內
地各縣城池汛地之用等因遵行在案尚未更換
但年深月久營職陞遷吏書不一本司任前無從
核實僅以大畧備錄移覆云云

左營都司王自功　駐山陰順治十八年任招撫僞
官錫君泰等解赴督撫兩臺康
熙元年鎮守觀海衛捐俸修城俾雉堞重新時居
民饑饉糴穀賑之全活者千餘人康熙三年署協
鎮篆移駐三江所招撫嵊寇王六韜等兩臺題報
康熙七年七月霪雨彌月禾稻俱淹閘外沙土壅
淤經久不通自功齋戒七日親製祭文二通祭畢
水即流康熙八年奉　旨移駐郡城會同郡縣調
度營房安插兵
馬越人安之

演武場圖

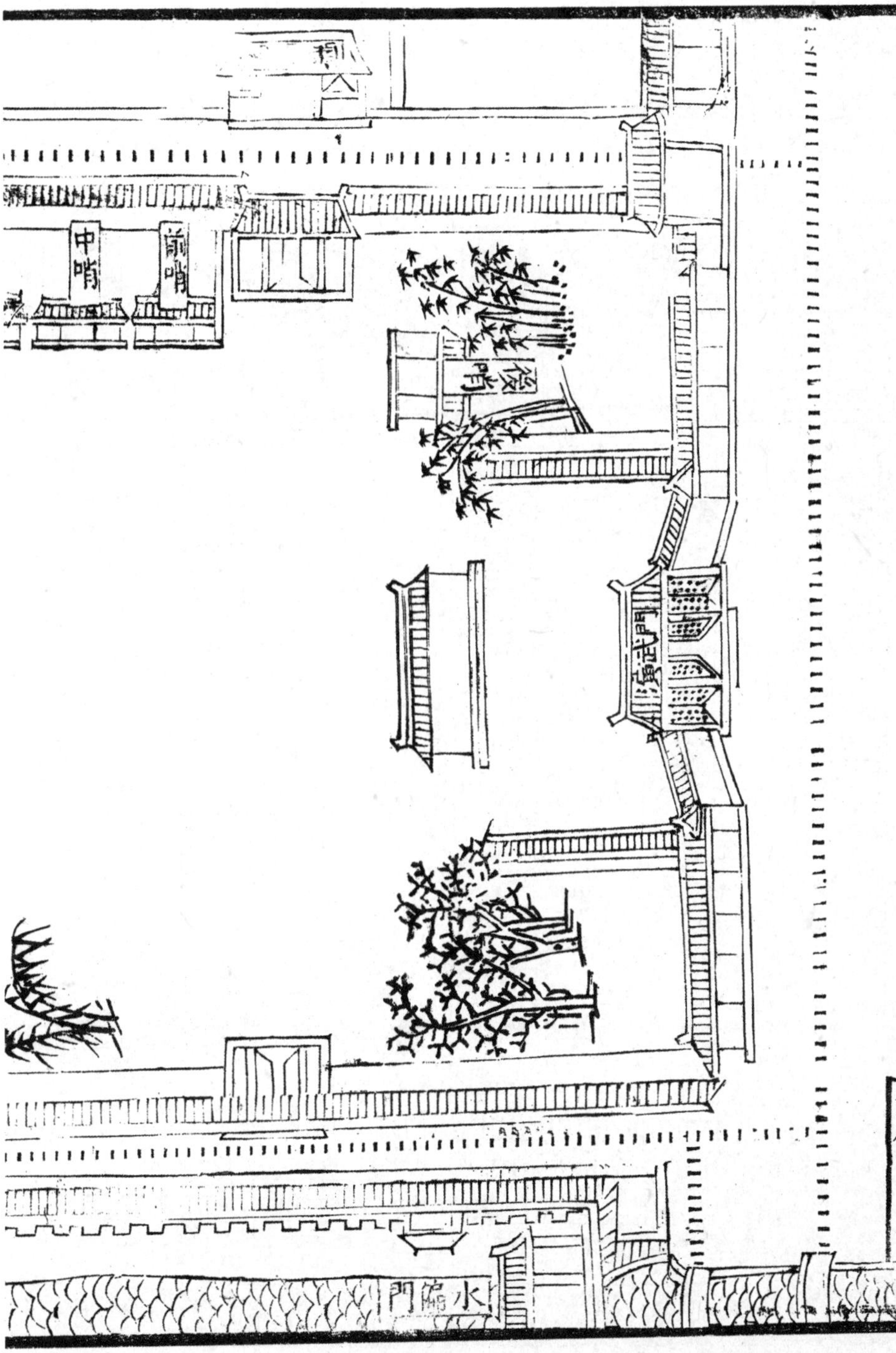

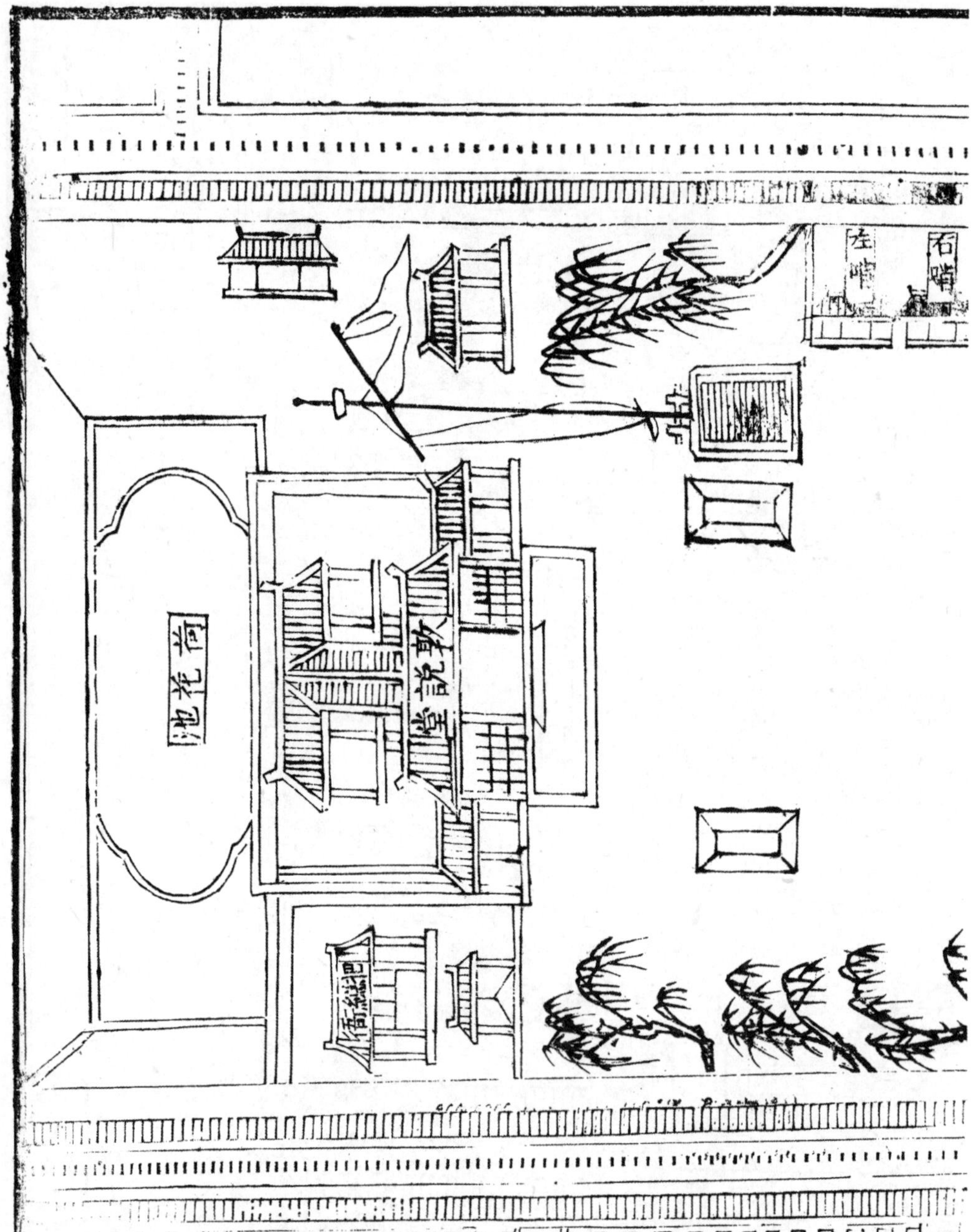
石哨
左哨
荷花池
敦說堂
司經廳

山陰縣志卷第十八

職官志

令　丞　簿　尉　教諭　訓導

漢以來掌縣者或爲令或爲長若尹其官一也漢多循吏乃史籍散佚傳者無幾東晉以縣爲京輔吏治最盛山陰爲尤盛至今不泯兹具載其姓氏若丞若簿若尉及學職各員均有佐理之任夫亦不得而遺焉

令

秦厲狄與項羽起兵今蕭山有厲將軍廟

漢王闕建武初任有傳 后恊

吳吾粲黄武元年任有傳 魏滕上虞人 朱然有傳

葛玄洪之祖

晉沈叔任有傳 魏偉 羊旋

江統陳留人有傳 于寶 王鎮之太和中有傳

魏顗 謝蓀 劉爽

王淮之義熙中 顧琛元嘉中至宋遷太守 虞谷餘姚人

宋張岱裕之子大明中有傳 顧凱之元嘉中有傳 汪秉之太始中

种賁　和睦　徐豁元嘉中有傳
傅僧祐有傳　孔僉有傳　傅琰僧祐子有傳
顧寶光　陸邵有傳
齊
王沉東海人　沈憲建元中有傳　周顒有傳
劉玄明有傳　傅翽琰之子有傳　王詢永泰元年有傳
丘仲孚東昏侯時有傳
梁
謝岐有傳　沈僧昭有傳　沈浚憲之孫有傳
王騫天監中　虞育天監中
陳
褚玠大監中有傳　虞亘　郎機

包頵　丁遵　別浦

于文憲

唐

吉材　權益　韋有順有傳

濮雲　斯思　牛謙

祁休　姚冓　宰知微

壘通玄　山約　趙彙

徐斗南　甘守忠　張遜乾寧初有傳

馬朧　焦楷

宋

段裴　鞠詠淳化中　李茂先

陳舜俞熙寧三年有傳　苗滋　林觀

章甫熙寧中　王鑄　高敏信紹興初

趙汝駉嘉定六年　林順孫　衷公彥

張槖嘉定中　糜弁咸淳中

元

元制縣既有尹又有達魯花赤以監之今所載止於尹不及達魯花赤間有賢者則列之名宦傳中

高文秀　豆盧翼　開珉

蒲察攸　李如忠　薛依二

定定字君輔達魯花赤　廉寶之　趙師道

賈棟有傳　陸澹　馬欽

柴青　吳秀夫

明

戴鵬洪武二年　崔東洪武九年有傳　王時中洪武十二年

張宣　胡志學洪武二十二年有傳

李祿受洪武三十一年　譚應奎有傳　姜榮洪武三十三年有傳

王應夢　宋昌永樂四年　王耕永樂十二年有傳

李開永樂卜五年　李孟吉宣德元年　偰順宣德四年

孫禧宣德九年　錢浩正統元年有傳　李衡正統二年

王仲德正統六年　王宣正統八年　周鐸天順元年有傳

胡璉 成化元年　金爵 成化五年有傳　王倬 成化十四年有傳

蕭惠 成化十七年　胡琦 成化十八年　李艮 弘治元年有傳

鮑克敏 弘治七年　郭東山 弘治十年　杜宏 弘治十四年有傳

張元春 弘治十六年　張煥 正德五年有傳　孫瓊 正德九年

顧鐸 正德十四年有傳　吳瀛 嘉靖二年　楊行中 嘉靖五年有傳

劉昺 嘉靖九年　方廷璽 嘉靖十四年　許東望 嘉靖十九年

周俊民 嘉靖二十三年　何璿 嘉靖二十八年清丈田畝征輸不繁

葉可成 嘉靖三十二年　李用熒 嘉靖三十五年　陳懋觀 嘉靖三十六年有祠

林朝聘 嘉靖三十九年　楊家相 嘉靖四十四年　張桐 隆慶二年

徐貞明隆慶五年有傳　張明藩萬曆三年　劉尚志萬曆四年

張鶴鳴萬曆九年　葉重第萬曆十五年未任丁憂

毛壽南萬曆十五年有傳　楊楷萬曆十九年

耿庭栢萬曆二十四年　余懋孳萬曆三十二年　吳庭雲萬曆四十年

張捷天啟六年　馬如蛟天啟八年有傳　王陛崇禎元年

范鑛崇禎二年　鍾震陽崇禎三年　史纘烈崇禎六年

謝鼎新崇禎八年　汪元兆崇禎十三年　錢世貴崇禎十六年

徐徵麟崇禎十七年　于公徿崇禎末年未任

大清

彭萬里順治二年　李爗然順治三年　顧予咸順治四年有傳

劉應斌 順治十年　常芳 順治十三年　李魯 順治十七年華附啚三十
有一民甚稱便　湯祖鉉 康熙三年　高登先 康熙六年

丞

宋 胡稷言 嘉祐中少授經於胡瑗既致仕仍賜緋衣銀魚　徐垓 德祐中

元 戴正 至正中

明 周允恭 洪武十二年　王逑 天順元年　田昱 成化十四年

劉艮 成化十六年　賴珪 成化二十年　尤繼艮 成化二十三年

楊寬 弘治十一年　孔公翊 正德二年　任顒 正德九年

劉愷 正德十二年　王澤 正德十四年　汪文 嘉靖二年

應佐嘉靖五年有傳　曾瑄嘉靖十年　嚴學嘉靖十三年

劉試嘉靖十七年　楊威嘉靖二十一年　王文誥嘉靖二十五年

金銑嘉靖二十八年進士謫　陳應占嘉靖三十年

滕槐嘉靖三十三年　任大壯嘉靖三十八年　熊級嘉靖四十一年

陶冶嘉靖四十四年　潘標隆慶二年　吳廷臣隆慶四年

劉中萬曆間　費慶之　王詔

鄭日輝　丁應辰　包大善崇禎

大清

蘭麟順治　張星煌　張迂

張啟學康熙

簿

宋

范致君 崇寧中任兗州學教授撰崇寧聖德典學頌　陸游 紹興中

明

鞠斌 永樂元年有傳　陸振 天順元年　陳記 成化十一年

石誠 成化十四年　開銓 成化十九年　趙慶 成化二十三年

劉琚 弘治五年　徐鼐 弘治八年　王世良 弘治十一年

徐粱 弘治十四年　李範 弘治十六年　陳鑰 正德元年

張銳 正德六年　匡直 正德九年　張淮 正德十二年

田秀 嘉靖三年　王世隆 嘉靖九年　施容 嘉靖十一年

賀恩 嘉靖十五年　李浩 嘉靖十七年　楊世昌 嘉靖二十年

黃復亨嘉靖二十六年　胡鑾嘉靖二十九年　吳宗周嘉靖三十一年

葉士元嘉靖三十三年　崔皐嘉靖三十五年　陳一中嘉靖三十八年

董乾嘉靖四十年　彭思楊嘉靖四十四年　譚紹基隆慶二年

禹貢隆慶四年　王澤萬曆初　楊夢奇萬曆中服官清慎一毫無染

王鯉　范昔

胡遜志後奉裁

尉

卽典史

唐崔國輔玄宗中　孫遜

宋翁仲通　鄭嘉正有傳

元 李艮佐

明 陽春 洪武二十年有傳　黃昇 永樂四年　周源 成化十七年

崔武 成化二十二年　劉壽 弘治五年　丁順忠 弘治十四年

黃憲 正德二年　高忠 正德七年　翟文鳳 正德十二年

許德 嘉靖五年　王瑚 嘉靖十四年　方伯昇 嘉靖十七年

林公輔 嘉靖十八年　王京 嘉靖二十二年　高淮 嘉靖二十六年

王應可 嘉靖三十二年　于尚文 嘉靖三十五年　王愷 嘉靖三十八年

林文漢 嘉靖四十三年　何洧 隆慶二年　黃鍊 隆慶四年

王淑卿 萬曆　秦邦恩 萬曆　萬言中

黃應科　吳友賢

邢應期崇禎十年

大清

周士奇順治三年　項之俊順治六年　柯重華順治十七年

教諭

元

孫原燮大德中　徐謙至正二年捐俸修學　薛輝至正五年捐俸修學

陶儀鳳修稽山書院　黃本至正間紹興人　孔之熙

明

王儼洪武二年　韓宜可洪武六年有傳　何樵永樂四年有傳

呂齊正統二年　陳祿策景泰二年　王志洪天順元年

姚艮成化五年　嚴彪成化十六年　陳宗儒成化十八年
傅廸成化十九年　周剛弘治九年　賴從善弘治十二年
黄仕宜弘治十四年　劉從典弘治十七年　李文顯正德三年
彭僎正德六年　崔復秀正德十年有傳　汪瀚正德十五年
林斌嘉靖五年　費寧嘉靖十年　藺錡嘉靖十六年
張佐嘉靖二十五年　諸應潮嘉靖三十年　王鐸嘉靖三十五年
羅煥嘉靖三十八年　王朝嘉靖四十年　黄志伊隆慶二年
陳善隆慶三年　沈質隆慶四年　彭大翔萬曆八年
程蒙吉萬曆十二年　傅艮言萬曆十五年　蔣廷堅萬曆二十年

朱璟萬曆二十四年　余元錫萬曆三十二年　任元忠萬曆三十六年

劉文元萬曆四十年　余喬桂萬曆四十七年　楊德章天啟四年

項隆先天啟六年　鄧光復崇禎四年　鍾鴻韻崇禎六年

鄧之鳳崇禎八年　周英崇禎十三年　陳瀛崇禎十七年

大清杜應用順治四年　費坡順治八年　高基重康熙四年

訓導

明陳韶洪武元年薦辟　薛正言洪武六年有傳　王受益洪武十三年有傳

李斌正統元年　李伯璵正統六年　郭鄭景泰二年

鄭浩天順元年　李珏成化元年　譚淵成化五年

謝芳 成化十一年　李寅 成化十四年　鄭選 成化十六年

徐貴 弘治六年　崔紀 弘治七年　朱鳫 弘治九年

方芬 弘治十年　賴紹 弘治十二年　黃聯 弘治十四年

鄒覲 弘治十五年　黃式 弘治十七年　徐棨 正德元年

李淮 正德三年　吳瑛 正德四年　李文明 正德八年

熊新 正德十三年　劉鳳鳴 嘉靖元年　王昇 嘉靖五年

陳文瀚 嘉靖八年　鍾爵 嘉靖十四年　鄭克恭 嘉靖十五年

芮褒 嘉靖二十年　郭弘愷 嘉靖二十二年　高中孚 嘉靖二十四年

張朝理 嘉靖二十七年　何漑 嘉靖二十九年　葉文科 嘉靖三十一年

蕭仁　嘉靖三十五年　胡朝紳　嘉靖三十七年　張煥　嘉靖三十八年
馬勳　嘉靖四十二年　蕭鯨　隆慶二年　汪大冕　隆慶三年
金伯艮　隆慶四年　張煥　萬曆元年　吳槐
黃在裘　萬曆三年　李時春　萬曆六年　王庭默　萬曆九年
陳必用　萬曆十一年　凌旣明　萬曆十三年　徐鐸　萬曆十六年

王材　萬曆四十四年　王可大　萬曆四十六年　許炳　天啓二年
莊嚴　天啓五年　徐思復　天啓七年　徐淶　崇禎三年
孫林　崇禎五年　余金垣　崇禎七年　張邦和　崇禎九年

王萬世崇禎十二年　駱光賓崇禎十四年　林之鸞崇禎十六年

朱允治崇禎十七年

大清

董治順治四年　熊開世順治八年　施夢祺康熙元年後奉裁

職官志終

上虞縣志　卷十八　一

山陰縣志卷第十九

選舉志一

孝廉　薦舉　歲貢

（補）越稱多士成周之世無可攷已得之漢唐者僅數人惟宋備載不遺而元世多缺佚明取士之制特詳諸所登選皆表著之然年次不無紊混至於國朝登仕版者不盡由科目科目之制猶舊也惟薦舉不行近科以來鄉會額亦少減焉

孝廉

漢鍾離意累官尚書僕射有傳　鄭弘累官太尉有傳

韓說　盛憲有傳　賀純舉賢良方正有傳

有道　趙曄不就卒有傳

吳鍾離牧意七世孫有傳

晉賀循舉孝廉有傳　謝沉舉孝廉有傳

齊賀瑒舉明經有傳

梁孔林源舉秀才有傳　郭世道舉孝廉不就有傳

陳孔奐舉秀才有傳

薦舉

明洪武元年令禮部行所屬選求民間經明行修賢良方正材識兼茂及童子之類六年詔科舉暫且停罷令有司察舉賢才

王儼通毛詩三禮以明經薦除本府敎授性方嚴舉動有典則爲一時儒宗

虞文采舉茂才操行科知府　嚴永康舉賢良方正科副使

唐肅洪武二年有傳　徐伯辰中之子訓導　韓宜可都御史有傳

王武舉明經科通判　周觀政按察使有傳　唐之淳侍講洪武十一年

劉子華洪武十二年有傳　馬壽敎授

馬貫知事洪武十二年　趙俶司業有傳　馬恭長史洪武十二年

姚本知縣洪武十三年　翁敏教授洪武十三年　陸溥教諭洪武十三年

白範學行爲世所推重膺薦典教勳戚家動有典則弟子遵其教擢青州府同知卒于官有傳

毛鉉授國子監學錄有傳　包大用舉明經訓導有詩集行世

潘允郎中洪武十四年　胡粹中洪武十五年有傳

黃里洪武十五年有傳　陳名裕通判　胡春國子監學錄洪武十五年

王誼強于學問事親以孝稱從戍遼陽守帥賔禮之朝臣薦授翰林待詔罷歸杜門著述

王永言教諭洪武十六年　朱孟麟秘閣校書　錢遜洪武十八年

永樂元年詔內外諸司文職官於臣民間有沉匿下僚隱居田里者各舉所知

王叔珩獻民情十策授知縣　王叔璲永樂十年伯府教諭
徐頤浩永樂二十二年授詹事府錄事伯辰子　趙鼎景泰五年教諭
徐光大正統元年國子監丞有傳　馬昇教諭
胡廷倫天順二年紀善　徐鑰光大子成化二十年授訓導

歲貢

〔補〕歲貢之制久矣明時貢額不常後定爲府學歲一人縣學間歲一人大都以年資爲序毎正副各一人試其文不謬者而貢之其後臺省建議以爲貢必以序率衰耄弗堪任使於是著令以三人或

六人内選之然常格廢而倖竇開貴介子弟甫黄口而貢太學矣於是又謂不便仍從舊制云乃若恩貢選貢唯國有大慶則間行之我

國朝踵前制康熙三年歲貢暫停康熙八年復

明

阮吉祥 洪武十六年府學　　趙貢文

鄧宗經 洪武十八年府學　　周得中 知縣

蔣顯 洪武十九年府學　　薛可行 御史　　錢述 洪武二十年府學

陳性善　　邵謙 縣丞　　駱庸 洪武二十一年府學知縣

陳嗣宗 知縣　　方季仁 洪武二十二年府學

徐士宗 洪武二十三年府學有傳　王惇 主事

錢曾 洪武二十四年府學　金昺 御史　繆南璇 洪武二十五年府學

馮皓民 府學　陳文可 縣丞　馬俊 洪武二十六年府學縣丞

璩志道　錢倫 洪武二十七年府學　王道 府學

王吉 洪武二十八年　平珍 洪武二十八年府學　蔣原 洪武二十九年府學

張齡 同知　金鎬 洪武三十年府學　潘逵

郭淵 洪武三十一年府學　王理 教授　張煥 洪武三十二年府學知縣

魏勝安　陳蒙　金安 洪武三十三年府學同知

張秉達 洪武三十四年府學　濮名 布政使

蔣永亨永樂元年府學　王友慶　施安永樂二年府學

尹勝府學　周然府學　徐穆永樂三年府學

宋彌堅永樂四年府學　應伯祥　陳恕永樂五年有傳

盧鈍永樂五年府學　金晟永樂六年府學　沈肅

趙會永樂七年府學　楊銘　潘綸永樂八年府學

張謹　陳愷永樂九年府學　朱文淵有傳

虞怡永樂十年府學　趙煥永樂十一年府學　趙孝廉永樂十二年府學

石謇永樂十三年府學　吳昉永樂十五年府學推官　余永

王資深永樂十六年府學縣丞　劉蘭永樂十七年府學同知

陳讓永樂十九年府學　呂參同知　王淵永樂二十年府學治中

王俊永樂二十一年府學知縣　胡增永樂二十二年府學

秦端　周勝吉永樂二十三年府學

孫讓宣德元年府學　韓養性宣德二年府學州判

施廷璋　賀崴宣德三年府學　葛賢宣德四年府學

劉實宣德五年府學　任高推官　周倫宣德六年勝吉姪同知

魯泰訓導　吳俊宣德八年府學　范璇宣德九年府學

鄭愷宣德十年府學主簿　王道訓導　楊全正統二年

葉蒙亨正統三年府學縣丞　倪侃正統四年

蔣訓 正統五年府學　徐綬 正統六年府學通判　趙師祖

唐振 正統七年府學　李朴 正統八年　王理 正統十年府學知縣

祝濟　徐震 正統十二年府學　朱臻 文淵之兄

趙瓚 正統十四年　王恭 景泰元年府學　金誾

胡溥 景泰二年府學　沈澤 景泰四年　俞英 景泰五年

胡暹 景泰六年　滕霄 景泰七年府學　祁福 天順元年府學有傳

趙瑋 天順五年府學教諭　王恭 天順六年府學是年令廩增生員四十五歲以上者俱貢

秦鉞 府學　朱宗岳 純之子府學　宋彩 府學

尹溥 府學　陳綬 府學　蔣敬

朱士學有傳府學　趙謌府學　王暉府學
諸雷府學　楊全天順六年　金本仁天順六年訓導
蔣鑾　沈澤　馮節
張能　張律　吳瑛以上縣學
駱傑天順八年府學　周章天順八年　壽瑞成化元年府學
劉濟成化二年府學　趙瓚知縣瑋之弟　王誂成化三年府學
[redacted]成化四年　趙偉成化六年　潘淳成化七年府學
張灝成化九年府學　章順成化十年府學同知　韓顯成化十一年府學
周貞成化十四年府學　葉瑄　金廣成化十五年府學

盧瀚成化十六年府學　毛瑄成化十六年主簿　高勤成化十七年府學

張珣成化十八年府學　馮克溫訓導　朱綖成化十九年府學訓導

劉寧成化二十年府學　陳顧教諭　趙昉成化二十一年府學

陳嵩訓導　陳韶成化二十二年府學訓導

祝輔　郭璲成化二十三年府學　王佃弘治元年蜀府教授

吳矜弘治三年　吳廷璟弘治四年府學　胡儉弘治五年府學訓導

毛榮弘治五年　陸魁弘治七年府學伴讀　俞瓚訓導

周夔弘治九年府學教諭　劉鏞訓導　勞臣訓導

錢纓弘治十一年府學訓導　張玗訓導

田宣訓導　張以震弘治十二年府學敎諭

朱鏶　顏悦弘治十三年訓導　韓洪卿紀善

劉祺弘治十四年府學敎諭　漏眞訓導

秦世濟弘治十六年府學　洪倫通判

徐軒弘治十七年府學　王愈弘治十八年府學　錢倬正德元年

王騏　吳鉞正德二年府學顯之子敎諭

趙意正德四年　駱軒正德六年巽之子府學主簿

錢曙訓導　陶文奎正德七年菊之孫府學敎諭

沈愼德正德八年府學訓導　莫震訓導

高倫正德九年　陳璟正德十年府學　唐偉閒之子

汪穀正德十一年府學訓導　祝深正德十二年

張汝正德十四年府學　徐濤經歷　施正

胡易正德十五年府學教授　陳玠府學穀之子

薛笛周府教授　周曉正德十六年府學教諭

趙俱嘉靖元年府學　余憲府學訓導　陳文訓導

杜昇嘉靖二年府學三江籍　張遠訓導

金桃嘉靖三年府學訓導　諸偉訓導　馮貴嘉靖四年訓導

吳鸞嘉靖五年府學　杜鳳詔府學　陸文通嘉靖七年府學

丁文銓訓導　駱居敬嘉靖八年　凌世華嘉靖九年府學

周晉嘉靖十年府學貢元　陶雲漢嘉靖十一年府學濱州同知菊之曾孫

張牧　劉本府學棟之弟　張檄嘉靖十二年府學

朱函訓導　田龍府學　呂金嘉靖十三年府學

周相　胡方禮嘉靖十四年　王舜章嘉靖十五年府學

任大章嘉靖十六年教授大賓　沈芳嘉靖十七年府學

金梓府學　陶陽鳳嘉靖十八年府學政和訓導雲漢之兄

沈渾嘉靖十九年　王言　張津嘉靖二十年府學

孫璵嘉靖二十一年　朱安道嘉靖二十二年　汪賓嘉靖二十三年府學

徐夢熊教諭　薛立嘉靖二十四年府學　祁鋼

沈安仁嘉靖二十五年府學　徐恩嘉靖二十六年府學衛籍

王景明　劉世積嘉靖二十七年府學

徐夢麒嘉靖二十八年府學　馬文顯嘉靖二十九年府學

周景恤　錢景春嘉靖三十一年　王艮知嘉靖三十二年府學

朱安邦嘉靖三十三年府學　韓宗　駱雷嘉靖三十四年府學

周大庠嘉靖三十五年府學　滕謙　胡鼎嘉靖三十七年

王舜明嘉靖三十九年　金燧嘉靖四十一年　周文燿嘉靖四十三年

王岷山隆慶元年府學　郁文言之兄　李尚賓隆慶二年府學訓導

朱應 賡之兄 貢元
朱緝 隆慶三年府學
倪來鵬 縣丞
章湘 隆慶四年府學
陳欽
王浤 訓導
劉柟 隆慶五年府學
史鵠
祝延年 萬曆元年府學
潘思化 訓導
王鎜 萬曆二年府學
宋林 知縣
劉煬 萬曆三年府學
周之德
夏文祖
周允
劉至
史明良

夏槚萬曆四十四年州判　許承祖萬曆四十六年知縣　俞光明萬曆四十七年

包梗泰昌元年恩貢時恩賜七品服臨江府經歷文行素履服官廉謹有聲

錢大用天啟元年知縣　王賓　諸希夔寺丞

張鎡天啟二年　朱起元　王如現選貢

祁駿佳選貢　尹懋中天啟四年知縣　胡叔昌天啟六年知縣

錢士龍崇禎元年　鄭至和崇禎三年　茅台鼎崇禎五年

陶萬象崇禎七年　祝艮弼崇禎九年　祁熊佳選貢後中會榜

王之臣崇禎十一年知縣　王萬祚崇禎十三年薦舉行取授四川道御史

王楫崇禎十二年副榜准貢知縣　胡若琦崇禎十三年

張煜芳崇禎十三年賜進士授刑部主事　周懋文同知

季璜本之孫積分拔貢授同知　繆伯俊崇禎十五年

繆伯景府貢　陳九徵監貢任內閣中書

徐日知崇禎十七年　史應選國學積分拔貢知府

張陛國學積分恩貢推官　王元基府貢　王文明順治三年訓導

吳執中御史　王三謙恩貢　余恒順治四年監貢知縣

吳王朱順治五年監貢　曹九霄府貢　潘潤選貢知府

李宗順治五年覃封内秘書院編修　傅臚恩貢通判

吳元遴順治七年府貢　朱用礪内閣中書同知

秦長春順治八年恩貢輝縣知縣有惠政　孫鑣教官

錢其恂順治九年府監貢　王貽謨監貢州判

錢以禎府拔貢知縣　金弘祐順治十年訓導　周襄緒順治十一年恩貢禮

部郎中　鍾國斗順治十一年府貢知縣

俞光祓順治十二年訓導　何嘉祐恩貢主事

朱禹錫順治十二年府恩貢吏部　宋希賢順治十四年府貢

陳錫琮　王光翰順治十六年府貢

趙以昌順治十七年府貢　繆世梁順治十八年府貢

王業法恩貢　周大受康熙元年府貢　徐斗芳康熙元年

劉世祝康熙三年　錢杲新康熙九年府貢　徐聯登康熙九年府貢

諸公亮康熙十年府貢　何艮棟康熙十一年　漏自奇府貢

山陰縣

山陰縣志卷第二十

選舉志二

舉人

補士歌鹿鳴而舉於鄉卽成周所謂造士者也明制浙江中式額漸廣後至九十名而吾紹常十餘人或二十人葢五之一焉可不謂盛乎夫舉於鄉而貢於廷褎然士林之表典至重矣崇禎時浙額至百有七人

國朝初年仍其額間以恩加廣焉至庚子科額裁其

半

宋神宗熙寧二年

陸佃 省元

徽宗大觀二年

傅崧卿 省元

淳熙十六年

諸葛安節 別院省元

元順宗至正元年

王裕 省元 有傳

至正六年

高本立　高復亨

明

洪武三年庚戌科洪武四年辛亥科

趙旅　楊子文　柳汝舟

喻文龍　陳思道

邵伯正

按洪武三年詔開科以今年八月爲始洪武四年詔各行省連試三年自後三年一舉著爲定式

洪武十七年甲子科

魏思敬　鍾至道應天中式　王時敏

按洪武六年後罷進士之科者十有二載初立薦辟行之甚嚴毋舉者至京師上親較閱不稱旨輒坐舉主往往有謫戍者直至洪武十七年甲子始復開科

洪武二十年丁卯科

劉貞

洪武二十三年庚午科

錢琪　馬文炯　李欽教諭

汪金剛奴　呂升　王景彰
滕善訓導　周卿祐　駱士廉
余丙
按是科所舉有以富戶充庫吏者亦見國初立賢無方之意
洪武二十九年丙子科　陳性善有傳
劉仕諤　呂尹旻　蒙志道應天中式
永樂元年癸未科
錢常　毛肇宗　王彰

司馬符　周玉　王肇慶

按是科當以壬午鄉試值成祖登極之始未暇舉行故以癸未鄉試而以甲申會試也通志分此一榜作壬午癸未兩科謬矣又査增廣生中式自是科始而張傑以餘姚典史登科亦奇事也

永樂三年乙酉科

高清　吳中　王賢

戴昱經歷　丘純　湯雲

杜文華

按儒士中式甫見於此後亦往往有之

永樂六年戊子科

陶菊 侯官縣學教諭宣德中應召修中秘書中途聞母疾即請致仕所著有菊庵詩文集

王善慶

永樂九年辛卯科

金鏞　秦初　周安

永樂十二年甲午科

王遲　王佑　徐信

賀源 訓導

按是科榜內吳縣典史馬馴意必浙人而仕于吳者又查是科有監生中式今則寥寥寥矣

永樂十五年丁酉科

韓陽布政使有傳　方璵教授　朱純有傳

按是科次年會試五魁有兩書經實六魁云而第五第六並儒士亦奇事也

永樂十八年庚子科

陳政　曹南　葛名

毛寧

永樂二十一年癸卯科

虞振教諭　呂公愿國子助教　郭傑教諭

龔全安蘭谿籍有傳

宣德元年丙午科

陸綸　馮獻提學僉事

宣德四年己酉科

梁樾

宣德七年壬子科

胡淵

宣德十年乙卯科

裘康訓導　秦瑛　趙魯應天中式國子典籍

正統六年辛酉科

盛儒經魁　謝傑訓導　吳駰州學正

沈日祺訓導

正統九年甲子科

張倬知縣有傳　何璧　周鈍

司馬恂國子祭酒有傳　高潤蓋州衛籍

正統十二年丁卯科

唐彬

景泰元年庚午科

吳顯刑部郎中　司馬軫國子助教　楊德

張傑　王昇　卜巽

王昉　錢仲瓛　戴讓教諭

陳定初授袁州學訓遷分宜教諭教士多材修袁郡志有體裁歷典各藩鄉試號稱得人三子邦直邦榮邦弼並舉科甲人稱以爲義方之勸

景泰四年癸酉科

張以弘　徐瓚教諭　金澤

高秩　賀微 應天中式　王淵 應天中式

景泰七年丙子科

錢淳 同知　王緬 知縣　楊芸

戴譓 讓之弟知縣　周芳 知縣　丘弘

俞謐 教諭　陳壯 順天中式

天順三年己卯科

姚恪 知縣　薛綱　錢諤

鄭璇 訓導　汪鎡　駱巽 教諭

滕霄 應天中式

天順六年壬午科

孫能教諭　馬達訓導　袁展

楊昱　司馬垚恂之子郎中　徐綬應天中式通判

蕭昱經魁知縣有傳

成化元年乙酉科

曾誠　凌玉璣　沈倫

呂銑　陳倫

成化四年戊子科

陳哲　俞玹知縣　孫檄同知

褚昇 順天中式　俞瑛 應天中式

成化七年辛卯科

司馬垔 軫之子　王鑑之　陳穀　沈振

張以棠 以弘弟知縣　凌寀　彭融 知縣

成化十年甲午科

周廷瑞　虞煥 知縣　王臚

白瑾　王佐　祝玠 知縣

成化十三年丁酉科

劉湜 經魁知縣　陳邦直 定之子同知　王宗積

陳邦榮定之子　林華知縣　祁司員福之子　金瑞知縣

成化十六年庚子科

傅瓚　鄭如意　諸敞長史　祝瀚經歷

丘霦訓導　徐鎡　張景明　費愚

林舜臣華之弟教諭　章頎應天中式同知

成化十九年癸卯科

祁仁　徐一夔　張景琦以弘子　劉濟順天中式

成化二十二年丙午科

陳邦弼定之子　胡儀　沈瀾

俞頫　張玗都察院司務　吳蕣

王經　周時中順天中式同知

弘治二年己酉科

徐璁　金謐知縣　何詔

吳便　楊清長史　沈俅知縣

朱導知縣有傳　宋溥知縣

弘治五年壬子科

高臺　朱憲同知　司馬公銓訓導　吳昊

田惟立知州　徐冕運同　汪獲麟順天中式

弘治八年乙卯科

周禎　沈欽　徐黼州同

劉瀚通判

弘治十一年戊午科

周礽禎之弟　高文炯知縣　高壇

劉棟子華從孫　朱秩知縣　張鴻

張景暘景明弟

弘治十四年辛酉科

毛鳳紹興衛籍　龐龍紹興衛籍通判　魏杲通判

陶天祐通判

弘治十七年甲子科

蕭鳴鳳昱之子解元　言震經魁同知　郁采

周晟　傅南喬　胡文静

姚譸　胡克忠　姚鵬

馬錄河南中式

正德二年丁卯科

張直倬之孫解元同知　蔡宗兖　朱節

王袍　王師程　王軾

毛嵩

正德五年庚午科

李萱紹興衛籍　錢滔知縣　沈澧欽之子

陳禹卿邦直子同知

正德八年癸酉科

朱筦　鄭蒙吉　陳廷華推官

周大經　毛一言紹興衛籍　姚世儒

張思聰應符之孫　何鰲詔之子　沈馴瀾之子知縣

正德十一年丙子科

朱簠 箎之兄　汪應軫 鎡之孫　周文燭

徐俊民　周祚 礽之弟 順天經魁　周沐 順天中式

鄭騶

正德十四年巳卯科

周文熿 文燭兄 經魁　錢一溥 通判　吴彦 便之子

田麟　陳徠 通判　王畿 經之子

朱簦 刑部郎中　張雲瀚 順天中式　陳璟 應天中式

嘉靖元年壬午科

潘壯　張天衢 同知　張元冲 景琦子

周禪祚之弟順天中式

嘉靖四年乙酉科

錢楩解元　茅宰　胡義方同知

包珊錦衣衛籍順天中式　張洽　陳彷

陳藥終吉府長史輔導二十餘年王甚賢之居鄉長厚有古風卒年九十

陳修　金椿

嘉靖七年戊子科

徐穀知縣　周宗文　徐緯

王元春　金志謐之子　沈夢鯉芳之子

徐緝　魏夢賢　虞价同知

嘉靖十年辛卯科

高警同知　周浩礽之子　朱公節知州有傳

蔣懷德會魁　駱居敬應天中式終推官爲人端厚里中稱長者卒年九十

沈學

嘉靖十三年甲午科

張輻　諸祖知縣　陳鵠紹興衛籍

王治通判　劉集推官

嘉靖十六年丁酉科

劉櫝經魁棟之從弟　王國禎　沈大本

李誥　虞俊治中　王守文順天中式

張牧河南中式

嘉靖十九年庚子科

祁清司員之孫　俞咨益　趙理

胡方來順天中式同知　張椿山東中式

嘉靖二十二年癸卯科

諸大綬　俞意　周校

周景會順天中式知縣　徐甫宰順天中式有傳　朱安道順天中式

張天復天衢弟　宋楷　張檄山東中式

嘉靖二十五年丙午科

高鶴　陶秀終通判家居孝友簡樸人無間言

李應元　羅椿　吳俊

高克謙

嘉靖二十八年己酉科

王大學　王元敬元春之弟　繆思莘通判

嘉靖三十一年壬子科

錢文昇　趙圭　張鰲化紹興衛籍

沈寅 大本姪順天中式

嘉靖三十四年乙卯科

祝繼志　王燮　郁言

錢椿盈 同知　趙夢鳳 應天中式　蔡天中 宗堯之子改名成中

呂鳴珂 麗水籍順天中式

嘉靖三十七年戊午科

祝教　朱南雍　張元忭 天復之子

沈校 知縣　俞子良 順天中式知縣有傳

吳兌 蕣之孫順天中式

嘉靖四十年辛酉科

周明衛通判　宋景星　陸夢斗通判

朱賡公節子　宋艮木知縣　張一坤元冲子

徐思明順天中式　胡邦奇

嘉靖四十三年甲子科

朱梯推官　徐應箕禮部司務　朱南英南雍弟

趙完順天中式知州　張傅洽之子順天中式　何繼高詔之孫順天中式

隆慶元年丁卯科

楊萬春杭州籍知縣　孫艮學　傅國才

劉國彥　王泮順天中式　胡尚禮順天中式知州

劉[illegible]櫆之姪順天中式知州　茹霆順天中式

祁汝東瓚之子應天中式同知　黃猷吉山東中式

王照順天中式知縣

隆慶四年庚午科

黃齊賢　陳大賢　諸葛一鳴

董子行　周應中順天中式　趙堂順天中式

趙楫順天中式　馬捷　陳縉

施俸

萬曆元年癸酉科

馮應鳳　祝彥　姚炅

諸葛初　趙璧　陳煃

朱應順天中式　張元慶天衢之子順天中式

郁文言之兄順天中式　張弘吉應天中式

萬曆四年丙子科

馮景隆　朱坤　魯錦

孫如法順天中式

萬曆七年己卯科

王應吉畿之子順天中式　陳學明杭州籍

萬曆十年壬午科

劉佳娗之子　柳宗栻文之孫　胡大臣

金鰲　陳堯言　陳鶴

周允順天中式

萬曆十三年乙酉科

陳美　朱燮元篪之曾孫　施栻知縣

陳國紀　周洪訓　尹三聘

王邦彥鎰之曾孫順天經魁　周職遷順天中式龍門籍

王建中應天中式　徐艮輔順天中式　劉毅

萬曆十六年戊子科

王調元　吳中璜知縣

萬曆十九年辛卯科

祁承㸁　陳一勸　周洪謨

夏汝　朱敬循賡之子順天中式

王循學應天中式　繆伯昇周海門高弟著經書大意知惠安縣有廉名

萬曆二十二年甲午科

朱瑞鳳　金應鳳　朱鶴齡

梁應期　王思任順天中式　陸夢祖順天中式

陳淙順天中式　張汝霖元忭之子應天中式

萬曆二十五年丁酉科

陳璘　董紹舒普安籍　沈綰應天中式知縣

陳汝元順天中式前任陝西清澗縣有三奇十異之政後任延綏同知母老請告終養加銜運同

萬曆二十八年庚子科

劉永基　彭若昌　高金體

蔣應偉　祁承爜順天中式　謝堯壽順天中式

萬曆三十一年癸卯科

陸夢龍　陳殷　裘允中

周洪才順天中式　王開陽　王加初應天中式

張汝懋元忭之子應天中式

萬曆三十七年己酉科

王業浩　謝宗份　陳巽言

丁承乾

萬曆四十年壬子科

王仕正　傅應鳳知縣　孫杰錢塘籍

邢大忠吏部至布政使　王汝受順天中式　王毓仁順天中式

許邦治應天中式　高金緘臨安籍　孫如洵順天中式

萬曆四十三年乙卯科

胡叔煬推官　吳之芳順天中式　朱兆栢　黃憲冲知縣

吳士傑順天中式教諭　劉暹順天中式　祝嵩齡順天中式

陳爾翼應天中式　吳從魯山東中式　祁上合臨安籍雲南中式

龎杰石阡籍貴州中式　李安世經魁　張應爵知縣

萬曆四十六年戊午科　張明昌

祁彪佳承爍之子　孫文奎　丁乾學順天中式

天啓元年辛酉科

周懋穀　朱稷　史起夔教諭

徐湯英　王忠陛順天中式　孫范錢塘籍順天中式知縣

全天德錢塘籍順天中式知府　白其昌順天中式

趙國柱應天中式　陳南煋山東中式　張焜芳應天中式

天啓四年甲子科

錢受益　楊璘　周凌雲

宋運昌仁和籍　余增雍　周鳳翔順天中式

劉世科順天中式　唐九經順天中式

天啟七年丁卯科

祁豸佳 善書畫名公鉅卿俱折節求之　余增遠

朱紱　朱錫元 順天中式　張大烈 錢塘籍推官

鄭體元 客雲籍　王谷 大興籍順天中式　茹鰲 知縣

崇禎三年庚午科

繆伯曇　姚明時　張奚

李盛世　何弘仁 順天中式　錢良翰 順天中式

葉汝稙　俞世灝　錢克讓

繆沅

崇禎六年癸酉科

張光球　朱光熙　王紹美

朱子覲　張寄瀛　王佐改名雨謙

沈烓晃　朱兆宸　王舍鑑改名三俊

龔光耀知縣　董期生知府

崇禎九年丙子科

陳有隆　田嘉生　魯㮚

祁熊佳　俞邁生　王三元順天中式廣西布政

孫之龍　茹鳴盛

崇禎十二年己卯科

鍾國義　金廷韶

吳邦臣　劉明孝　吳從義

胡應瑞知縣　張仲義本姓繆順天中式

崇禎十五年壬午科　何天寵順天中式

王觀瀛應天中式　黃奎齡順天中式　姜圖南順天中式

何天挺順天中式　葉雷生知縣　姜希轍順天中式

大清順治二年乙酉科

葉獻章順天中式王事　王士驥順天中式　胡兆龍順天中式

徐化龍順天中式　章雲鷺順天中式

順治三年丙戌科

龔勳　葉茂桂順天中式　張期振

王之鼎順天中式　胡昇猷順天中式經魁　茹鄂侯鰲之子順天中式

順治五年戊子科

王慶章經魁　周沛生　胡鶴翥敬辰之子工部主事

茹鉉　張舜舉順天中式　周禮順天中式

陳南耿山東中式　繆徵尹　黃中璜順天中式知縣

順治八年辛卯科

陳必成 順天中式　俞玄植 順天中式　胡公著 順天中式

陳可畏 順天中式　胡心尹 順天中式　陳繼美 順天中式

沈壆 改名尚仁順天中式

順治十一年甲午科

田麒生　姚夔　何曾臯 湖廣中式

沈從龍　李平　黃道月

金鼓　董艮櫝　柴應辰 順天中式

胡兆麟 順天中式　沈埜 改名仁敷順天中式　孫才發 順天中式

孫礽 順天中式

順治十四年丁酉科

陳景仁　李元坤　滕達

傅應驥教諭　黃鴻哲順天中式　吳璜順天中式

胡兆鳳順天中式　繆邦寧順天中式

順治十七年庚子科

吳復一　傅爾申　陳昌言

胡鑛順天中式　胡懋宣順天中式

康熙二年癸卯科

祝弘坊彥之曾孫經魁　金燾經魁　王燦業法之子

丁際治順天中式

康熙五年丙午科

孫宣化　朱阜　沈徹范順天中式

何鼎湖廣中式　柴應速順天中式

康熙八年己酉科

呂廷雲分籍新昌　徐琦　王永芳本姓葉

魯烱先桌之子早卒　周盛雅懋縠孫　余應森順天中式

王觀政順天中式　俞麟翔

山陰縣志卷第二十一

選舉志三

進士

進士之科最重自唐宋以來皆然吾越登是科者亦最盛其姓氏具在賢不肖可指而數也嗟乎士以入是選爲榮而或藉爵位以恣睢貽詬詈於無極辱亦甚焉可不懼哉

〔補〕明最重進士科有寧爲進士鬼之謡至

國朝則科貢雜途依年限截留亦有並選者矣意積

重之後故稍變通歟宋明以來吾鄉起家進士彪炳宇內者代不乏人今亦鄭重是典然其人必有以自重而當世斯重之則軒輕豈專係于科名已耶

唐孔敏行贈工部尚書元和初吳融戶部尚書龍紀初吳蛻昭宗大順初

五代吳程蛻之子吳越國相

宋大中祥符元年姚曄榜

杜衍累官丞相太子少保有傳

大中祥符五年徐奭榜

傅管　陸軫

天禧三年王整榜

傅瑩

寶元元年呂溱榜

褚珵

慶曆六年賈黯榜

梁佐

嘉祐二年章衡榜

褚理珵之弟　傅傳正　王淵　唐殼

嘉祐六年王俊民榜

褚珪

嘉祐八年許將榜

褚唐輔

熙寧三年葉祖洽榜

陸佃軫之孫有傳　陳銧

熙寧六年余中榜

王容淵之子　陸傳

元豐八年焦蹈榜

丁希說　傅勉　梁遘

元祐三年李常寧榜

李宗與

元祐六年馬涓榜

陳兟　兟之兄　唐翊　穀之子　有傳

紹聖四年何昌言榜

陳揚庭　徽宗賜名過庭官至中書侍郎

崇寧二年霍端友榜

唐竦　穀之子

大觀三年賈安宅榜

褚唐舉 理之子

政和五年何㮚榜

傅崧卿 有傳　杜師文　陸長民

政和八年王嘉榜

諸葛行敏

宣和三年何涣榜

徐顯　梁仲敏 邁之子諫議大夫有傳

宣和四年賜同進士出身

傅墨卿 有傳

宣和六年沈晦榜

諸葛行言 行敏弟

建炎二年李易榜

唐閎 穀之孫 梁仲寬 遘之子

紹興二年張九成榜

葉蕃 杜師旦

紹興五年汪應辰榜

王俊彦

紹興十二年陳誠之榜

唐閱有傳

紹興十五年劉章榜

傅睎儉　張之綱　梁仲廣遘之子

紹興十八年王佐榜

王佐俊彥子狀元有傳　張頡

陸升之長民子　陸光之長民子　沈壽康

紹興二十一年趙逵榜

唐準翊之子

紹興二十四年張孝祥榜

王公袞俊彦之子

紹興三十二年賜進士出身

陸游佃之孫有傳

隆興二年木待問榜

俞亨宗有傳　莫叔光有傳

乾道二年蕭國梁榜

張澤兵部尚書　傅頤　杜𤩜

乾道五年鄭僑榜

陸洙 游之弟

淳熙五年姚潁榜

唐潅 準之弟

淳熙八年黄由榜

諸葛千能 行敏之姪　陸子愚 長民之孫　梁汝明

宋駒

淳熙十一年衛涇榜

陸洋　陶定俊

紹熙元年余復榜

諸葛安節行敏姪省元　莫子緯叔光之子
嘉泰元年鄒應龍榜
莫子純叔光之姪狀元以有官充第二人
慶元五年曾從龍榜
傅誠墨卿玄孫
開禧元年毛自知榜
梁簡仲寬孫
嘉定元年鄭自誠榜
諸葛興行敏之姪

嘉定四年趙建大榜

唐檵 翊曾孫

嘉定十年吳潛榜

陸若川 升之孫　丁煇 希說曾孫　丁燧 煇之弟

尹煥　閻璋　鄭大中

楊權

嘉定十三年劉渭榜

諸葛十朋 行敏曾孫

嘉定十六年蔣重珍榜

王建封

紹定五年徐元杰榜

陶夢桂　　　　　　　　陸𧸘佃五世孫改名景思

寶祐元年姚勉榜

陸逵　　　　　　　　　陸勉

景定三年方山京榜

徐天祐有傳

咸淳七年張鎮榜

杜淑　　　　　　　　　鍾離常

元

延祐二年張起巖榜

張宏道太平府經歷

延祐五年霍賢榜

邵貞

太定元年張益榜

傅堅

陶澤

太定四年李黼榜

趙宜浩

至正十五年

趙俶有傳

明

洪武四年辛亥吳伯宗榜

趙旅主事　楊子文縣丞　柳汝舟縣丞

喻文龍

洪武十八年乙丑丁顯榜

王時敏經魁　鍾志道御史　陳思道禮部侍郎

洪武二十七年甲戌張信榜

駱士廉知縣有傳　李仲國子監助教

洪武三十年丁丑陳郊榜

劉仕諤探花編修被誅　呂尹旻　陳性善吏部侍郎有傳

永樂二年甲申曾棨榜

毛肇宗郎中有傳　錢常　周玉

永樂四年丙戌林環榜

吳中參政有傳

永樂十三年乙未陳循榜

徐信長史　王佑工部侍郎　周安庶吉士遷工部侍郎

永樂十六年戊戌李騏榜

秦初主事有傳　王暹庶吉士改御史有傳

永樂十九年辛丑曾鶴齡榜

曹南御史

永樂二十二年甲辰邢寬榜

龔全安有傳

正統元年丙辰周旋榜

秦瑛檢討

正統十年乙丑商輅榜

高閏郎中

景泰五年甲戌孫賢榜

吳顥郎中　唐彬布政有傳　金澤御史

天順元年丁丑黎淳榜

王淵有傳

天順四年庚辰王一夔榜

滕霄御史　婁芳御史

天順八年甲申彭教榜

汪鎰庶吉士改郎中有傳　陳壯按察副使有傳　薛綱布政有傳

袁晟御史

成化五年己丑張昇榜

張以弘叅議有傳

成化八年壬辰吳寬榜

陳晳知府　司馬垔按察副使有傳

成化十一年乙未謝遷榜

魯誠郎中　堵昇叅議　凌宋御史

陳轂御史　沈振知縣

成化十四年戊戌曾彦榜

白瑾知縣　王鑑之刑部尚書有傳　祁司員知府有傳

成化十七年辛丑王華榜

陳邦榮不就廷試而歸

成化二十年甲辰李旻榜

祁仁主事

成化二十三年丁未費宏榜

陳邦弼　祝瀚知府有傳　張景琦知府

弘治三年庚戌錢福榜

胡儀　張景明長史贈太子少保禮部尚書兼大學士謚恭禧有傳

王經 副使

弘治六年癸丑毛澄榜

汪獲麟　吳蕣 庶吉士改給事中有傳　李璡

高臺 郎中

弘治九年丙辰朱希周榜

何詔 累官工部尚書清慎簡厚有傳　費愚 知府以忤當道謫戍隨放還平生嚴介甔石不儲

弘治十二年己未倫文敘榜

張景暘 御史改知府

弘治十五年壬戌康海榜

吳便副使　周楨檢討　沈欽僉事

高壇知府

正德三年戊辰吕柟榜　姚鵬副使有傳

胡克忠知縣　周礽郎中　胡文靜光祿寺少卿有傳

毛鳳　馬錄　郁采知州贈光祿寺少卿有傳

正德六年辛未楊慎榜

劉楝兵部侍郎致仕有傳

正德九年甲戌唐皐榜

朱節 御史贈光祿寺少卿　王袍 知府　姚世儒 知府

蕭鳴鳳 提學副使有傳　張思聰 叅政

王軾 知縣

正德十二年丁丑舒芬榜

汪應軫 有傳　傅南喬 同知

蔡宗兗 歷官提學僉事終其身若介獨立

何鰲 刑部尚書

正德十六年辛巳楊惟聰榜

周祚 給事中有傳　鄭驄　徐俊民 僉事

周文僕郎中　田麟知府

嘉靖二年癸未姚淶榜

潘壯御史有傳　沈澧御史　吳彥僉事

嘉靖五年丙戌龔用卿榜

周文燭祭酒　錢楩郎中有傳　金椿知府

毛一言僉事　周襗都御史　朱籚副使

朱篪御史　包珊行人

嘉靖八年己丑羅洪先榜

茅宰主事有傳

嘉靖十一年壬辰林大欽榜

王畿郎中有傳　陳修副使

嘉靖十四年乙未韓應龍榜

周浩苑馬卿　張輻副使　徐緝參議

沈夢鯉郎中

嘉靖十七年戊戌茅瓚榜

蔣懷德參政　張元冲都御史　王國禎左布政

金志副使　徐緯僉事　魏夢賢郎中

嘉靖二十年辛丑沈坤榜

張洽御史　張牧郎中

嘉靖二十三年甲辰秦鳴雷榜

劉檟棟從弟副使有傳

嘉靖二十六年丁未李春芳榜

羅椿知府　祁清知府　張天復太僕卿有傳

吳俊郎中

嘉靖二十九年庚戌唐汝楫榜

王元春參政　高鶴給事中　趙理僉事

嘉靖三十二年癸丑陳謹榜

俞蕙主事有傳　趙圭員外　孫大學復姓王

嘉靖三十五年丙辰諸大綬榜

諸大綬狀元有傳　祝繼志僉事卒于官　沈寅按察使

嘉靖三十八年己未丁士美榜

王元敬侍郎有傳　吳兑官保尚書有傳　俞洛益御史有傳

郁言知縣　呂鳴珂按察使

嘉靖四十一年壬戌申時行榜

王爕知府

嘉靖四十四年乙丑范應期榜

胡邦奇　吏部選司典試湖廣因不中張居正之子外轉按察司後以剛介起贛州巡撫不赴

祝敎　禮部郎中　張愽　長史　高克謙　僉事有傳

隆慶二年戊辰羅萬化榜

朱南雍　太僕卿初居垣中風紀侃直字畫俱傳世　朱賡　大學士有傳

黃猷吉　僉事善書大字

隆慶五年辛未張元忭榜

張元忭　天復之子狀元有傳　趙楫　參議　周應中　御史

萬曆二年甲戌孫繼皐榜

朱應　主事　王泮　布政有傳　張一坤　布政

萬曆五年丁丑沈懋學榜

朱南英南雍弟　郁文郎中　趙夢日知縣

馮景隆給事中　魯錦

萬曆八年庚辰張懋修榜

黄齊賢　馮應鳳太僕少卿有傳　徐桓

萬曆十一年癸未朱國祚榜

何繼高參政　孫如法光祿寺少卿有傳

萬曆十七年己丑焦竑榜

陳鶴廣東副使爲官清正有惠澤及民卒于官署無私積粤人二祠祀之

陳燧四川道　劉毅左布政有傳

萬曆二十年壬辰翁正春榜

朱燮元兵部尚書有傳　陳美參議　王應吉　朱敬循通政

萬曆二十三年乙未朱之蕃榜

王思任僉事有傳　朱瑞鳳　張汝霖元忭之子提學副使有傳

王循學　尹三聘主事　黃化龍知縣

萬曆二十六年戊戌趙秉忠榜

陸夢祖少卿府尹　王建中知縣　董紹舒

金應鳳方伯

萬曆三十二年甲辰楊守勤榜

章若昌主事　祁承㸁僉事

萬曆三十八年庚戌韓敬榜

陸夢龍參政有傳

萬曆四十一年癸丑周延儒榜

董懋中玘之孫尚寶司卿　孫如游參政有傳　王業浩兵部尚書有傳

張汝懋元忭之子大理寺丞　孫杰工部尚書

萬曆四十四年丙辰錢士升榜

吳從魯主事　陳爾翼給事　劉永基有傳　周洪謨給事

萬曆四十七年己未莊際昌榜

丁乾學有傳

天啟二年壬戌文震孟榜

祁彪佳都御史有傳　邢大忠吏部主事　胡敬辰參政

陳殷少卿　王毓仁知縣　王忠陛主事　陳璘

天啟五年乙丑余煌榜

張明昌知府　朱兆栢少詹　錢受益少詹

崇禎元年戊辰劉若宰榜

周鳳翔左春坊有傳　張焜芳給事有傳

宋運昌知縣　朱錫元川南道

崇禎四年辛未陳于泰榜

吳之芳庶吉士　史洪謨知縣　嚴起恒湖廣副使有傳

崇禎七年甲戌劉理順榜

沈煃晃中書　朱光熙知縣　錢艮翰主事

崇禎十年丁丑劉同升榜

何弘仁知縣有傳　唐九經知縣善臨池書法甚多有師子林帖行世

田嘉生知縣甲申後足跡不入城市貧而訓蒙有清風高節

繆沅吏部郎中　錢朝彥知縣

崇禎十三年庚辰魏藻德榜

吳邦臣 御史　祁熊佳 知縣　吳從義 知縣有傳

劉明孝 知縣　王三俊 僉事　王紹美 推官

崇禎十六年癸未楊廷鑑榜

周繼芳 主事　俞璧 推官　余增遠 知縣有傳

李安世 天性孝友初爲泗州學政登第後饒有清節

魯臬 庶吉士　王觀瀛 知縣　金廷韶 知縣

大清順治三年丙戌傅以漸榜

徐化龍 鹽法道　王士驥 庶吉士改御史　胡兆龍 禮部侍郎有傳

順治四年丁亥呂宫榜

胡昇猷 叅政　王之鼎 知縣　章雲鷺 庶吉士遷侍郎

丁同益 同知　陸華疆 知縣　陸嵩

順治六年己丑劉子壯榜

姜圖南 庶吉士改御史　王慶章 瓊州道有傳　張舜舉 知縣

順治九年壬辰鄒忠倚榜

陳可畏 御史　周沛生 知縣　錢受祺 庶吉士改副使

方希賢 推官　金鋐 布政使

順治十二年乙未史大成榜

陳必成提學道　龔勳知縣

順治十五年戊戌孫承恩榜

鍾國義主事　董艮櫝知縣　邵士知縣

順治十六年己亥徐元文榜

陳景仁翰林改吏禮二部郎中陞知府　李平編修

順治十八年辛丑馬世俊榜

滕達知縣　吳復一考選推官

康熙三年甲辰嚴我斯榜

茹鉉初任知縣　胡鑛知縣　王燦知縣

康熙六年丁未繆彤榜

沈徵范 中書　胡懋宣 中書著大學衍義補綜爲六官政要以文學稱早卒

孫宣化　宋嗣京　何天寵

康熙九年庚戌蔡啓僔榜

朱阜 庶吉士　沈尚仁　祝弘坊

選舉志三終

山陰縣志卷第二十二

選舉志四

制科　特用　武鄉舉　武進士

（補）唐宋以來詩賦經義取士不一矣又有所謂制科焉若博學宏詞賢良方正才識兼茂之類凡以蒐遺逸羅俊傑也明制既策進士而復選庶常

國朝因焉儻亦制科之遺意乎夫科目豈足以盡士士固有挾持非常而困於一第者矣往代之制科似未可廢也

制科

唐 孔君思 高宗時中明經科累官給事中有傳 孔季詡 中宗嗣聖中秘書郎

後唐 吳程 累官吳越相國有傳

宋 莫叔光 孝宗乾道五年中傳學宏詞科終秘書監有傳

元 徐中 諸暨州學錄 張福 太守遠猷孫洪武初死于兵難

明 高師頤 高遠 高尚碣 俱宣德年

特用

張尚 都御史 祖重光 本姓王巡撫 潘朝選 御史

王熼 總兵 王貽標 知府 謝祖俆 驛傳道

張煒芳 同知　孫揚 知府　胡沛然 叅政

洪其清 知府　王汝賢 知府　張陛 內院撰文中書改授推官

張維堅 知府　潘烱 知府　朱懋文 運同

嚴翼聖 通判　朱正色 知縣　吳興祚 行人

龔澍 副將　胡之祐 知縣　劉孔學 通判

吳興宗 知府　朱濠 提舉　朱定坤 江寧協鎮副總兵

武鄉舉

文武兼舉治不忘危意也明制大司馬會武於秋

而鄉闈校武亦於文事之竣以冬十月行之武舉

亦甚慎也然必登會榜始免鄉比不則無異生儒之科舉迄明世宗俞許獻忠等所請令三膺是選者徑赴會試至

國朝制乃不同登鄉榜者亦授職焉

明前代無攷自嘉靖初始

嘉靖乙酉科

徐定千戶　彭應時

嘉靖辛卯科

胡鎮指揮同知

嘉靖甲午科

胡鎮再中式　王直

嘉靖丁酉科

胡鎮三中式　成勲指揮僉事陞守備　李璥指揮僉事

張元直有膽勇精騎射試武後遇例入太學嘉靖辛酉倭賊登犯明州元直奉海憲檄督兵追勦於戴嶼湖陳地方遇敵親斬三級遂獲全勝撫按記其功授四川嘉定州判官

嘉靖癸卯科

胡鎮四中式　陳綵百户　陸瑞

張哲再中式　童恍　張輪

嘉靖丙午科

胡鎮五中式　陸瑞再中式　戴淩霄

葉司衡　張輪再中式　童恍再中式

嘉靖己酉科

黃榜指揮使陞坐營都司　胡鎮六中式　成大器指揮僉事歷陞參將

張輪三中式　陳大綸百戶　葉司衡再中式

嘉靖壬子科

楊一經千戶歷陞參將　張輪四中式　程權

孟文子　沈應宸

嘉靖乙卯科

楊一經再中式　吳京百戶歷陞參將　王世臣

張訓　葉司衡三中式　吳緒

吳岐　吳育　胡崇吉

葉義　沈應辰再中式　王儆

嘉靖戊午科

楊一經三中式　董琦百戶　葉保衡

程法　王儆再中式　吳岐再中式

吳大章　吳大濟　賞俊　王化

嘉靖辛酉科

葉逢春　韓沛　葉持衡

吳紳緒之弟　孟文子再中式　張一鶴武魁改名虎臣

葉義再中式　吳晉　吳大章再中式

賞俊再中式　吳學直隷中式　吳大武直隷中式

嘉靖甲子科

白材　葉逢春武魁再中式　孫嵩

韓沛再中式　曹大普　葉持衡再中式

李鋭　葉保衡再中式　程大業

吳紳再中式　韓梯　周子英

吳學再中式　吳養恒　沈應辰三中式

王章

隆慶丁卯科

陳上表綵之子　韓沛三中式　吳紳再中式

范朝恩百戶江西中式歷陞遊擊　葉忠係衡弟

傅欽　韓范沛之兄　韓梯再中式

吳一忠武魁　張虎臣再中式　吳晉再中式

吳顯忠　趙經邦　吳學三中式

吳憲文　周邦慶

隆慶庚午科

陳上策綵之子百戶　徐九齡定之孫千戶　張應奇元直姪千戶

曹大晉再中式　葉保衡三中式　葉忠再中式

羅綺　張應第應奇弟　葉同春

程萬里　葉持衡廣西中式　吳一忠武元再中式

虞勝宗　吳晉三中式　潘德風

吳憲文江西中式　吳致忠江西中式　吳進江西中式

萬曆癸酉科

陳應斗綵之子　張應試應奇之兄臨山領兵把總

傅國敎　李天常　王有功

茅國器　張虎臣三中式　賞俊三中式

吳允中雲南中式

萬曆丙子科

黃岡榜之子指揮使　白材再中式　陳應斗再中式

張應奇武魁再中式　孫佐良　韓范再中式

韓文煥　孫嵩再中式　王有功再中式

董鉞　陳思勤　臧國光

茹秉忠　錢贊化　吳志忠 湖廣中式

吳俊 湖廣中式

萬曆己卯科

徐九齡 再中式　陳士表 再中式　劉巨安 指揮僉事陞守備

王承祚 百戶　于溥 北京中式　劉熙

王有功 三中式　李景隆　孫可教

葉有蔭 逢春之子　張汀　孟良弼 文子之子

金臺　李天常 再中式　王有大

吳中起 武魁　李桂　臧國光 再中式

俞國輔　全盛時　王應斌福建中式歷陞都司

王拱辰江西中式　吴敎遼東中式

萬曆壬午科

王承祚再中式　解元紀直隷中式　方日新福建中式

陶明宰武魁　張應試再中式　李銳再中式

葉有蔭再中式　李桂再中式　趙一元

徐應兆

萬曆乙酉科

周于德衛鎮撫　張應奇三中式　曹復心

葉得春　陶明宰 再中式　孫中教 再中式

韓輔國 范之子　李天常 直隸中式　任希旦 武魁

吳揚忠　臧國元 三中式　錢贊元 再中式

吳中起 直隸中式　吳國光 宣府中式　吳宗道 遼東中式

萬曆甲午科

傅崇義

萬曆丙午科

陳藩屏 抱忠之弟任京營副將　陳抱忠 任都司次元之弟

萬曆己酉科

俞鎮遠　李國禎　吳泰亨

杜肇勳都司四董漕運皆奏最勦海寇劉香老有功生平詩酒娛情所著有閒古齋集十種

陳長祚　張炳先　李廷琦

陶之紀　王威遠　茅應泰

萬曆戊午科　天啓甲子科

丁寧國　王好賢　張城解元

崇禎庚午科

朱兆霖參將

崇禎丙子科

王震德　劉穆　陳錫華

王貽杰

崇禎壬午科

陳王謨

大清順治丙戌科

張國勳京衛　茹庸順天中式

順治戊子科

吳孟琦

順治丁酉科

葉逢時 湖廣解元

順治庚子科

周燁

康熙癸卯科

高尚智　徐紀　徐天統

謝㓜齋　周緒　董良橚

康熙己酉科

沈道儼　李允寧　茹昌誥

姜壇　謝匡

武進士

文武迭用古之制也然南人弓馬詘於冀北故登茲選者自昔落落如晨星近則人騎射家韜鈐於是猛士雲興旌鉞相應矣茲志選舉終以武科兼所重也明以前無攷自嘉靖間始

彭應時 嘉靖丙戌科初爲諸生慷慨喜任俠好讀孫吳善射發必中又善舞大刀走馬上下觀者絕倒間爲古詩歌有奇氣登武科授鎮撫會倭寇之亂督府統兵圍賊于乍浦應時受命率步卒百人守獨樹林賊數百人突圍來應時倉卒遇之上挾三矢殺三人賊既衆士卒却且退應時怒罵獨奮而前身被三十餘創流血沁甲猶力戰不屈

馬忽顛遂遇害人皆
壯其勇而悲其志云

隆慶戊辰科

吳顯忠歷陞
　　　叅將

宣汝元福建
　　　都司

隆慶辛未科

韓沛三江所武生
　　歷陞叅將

萬曆甲戌科

吳允忠雲南都司
　　歷陞叅將

萬曆丁丑科

吳紳三江所武生
　　歷陞叅將

黄岡紹興衛指揮使
　　歷陞叅將

孫嵩三江所人授所鎮撫　吳學歷陞把總

萬曆丁未科

陳抱忠汝元弟都司

萬曆庚戌科

陳藩屏任京營副將抱忠弟

萬曆己未科

孫志學都司僉書

天啟壬戌科

傅崇義陝西都司　童朝儀

崇禎戊辰科
丁寧國守備
崇禎丁丑科　　癸未科
王貽杰　　童維超
大清順治己丑科
陳錫華　茹羆參將　盛其德參將
順治壬辰科
吳三才
順治乙未科

高允焯 陳則都 劉燧御前下

順治戊戌科

劉炎總兵 葉逢時 吳艮駿

康熙辛丑科

丁際治守備 董德政 張國勳 張培

康熙甲辰科

周緒 李標 董暹

康熙庚戌科

茹昌詒 姜壇 葉維新

選舉志四終

山陰縣志卷第二十三

人物志一

帝　后　王　侯

〔補〕自古帝后王侯常產西北自漢而下風氣漸趨而南至如吾越海陬僻壤耳乃自舜禹以迄後世賢聖之君或生而遊焉或沒而葬焉若后若王若侯亦斌斌相繼而起矣其已登于郡志者不具載其隸于山陰者亦見地靈有獨盛云

帝

〔宋理宗〕諱昀初名與莒太祖十世孫父希瓐燕懿王德昭之後也家于山陰母全氏以開禧元年正月癸丑生帝于城西之虹橋里第前一夕父夢一紫衣金帽人來謁比寤赤光滿室家人聞戶外車馬聲亟出無所覩帝常晝寢人忽見其身隱隱如龍鱗時寧宗弟沂王薨無嗣以宗室希瞿子爲沂王後賜名貴和嘉定十三年景獻太子薨乃立貴和爲皇子又改名竑史彌遠在相位久欲假沂王置後爲名居奇貨以射利會塾師余天錫將反慶

元爾遠密囑之曰今沂王無後宗子賢厚者幸具以來天錫渡江抵越城西門過全保長避雨保長知是丞相館客具雞黍甚肅須臾有二子侍立天錫異而問之保長曰此吾外孫趙與莒與芮也日者嘗言二兒後當極貴天錫因憶彌遠言及還臨安以告卽召見彌遠大奇之遂留邸中屬天錫母朱爲沐浴教字禮度益閑補秉義郞爲沂王後賜名貴誠尋授右監門衛大將軍帝時年十七性凝重寡言潔修好學每朝參待漏他人或笑語帝獨

儼然出入殿廷矩度有常見者歛容彌遠益注意焉皇子竑素嫉彌遠語稍泄彌遠乃令國子學錄鄭清之爲王府教授潛謀易儲十四年寧宗有疾久不視朝彌遠遣清之往沂王府告以將立之意帝默然不應清之又請帝拱手徐言曰紹興老母在清之以告彌遠益相與歎其不凡八月寧宗崩彌遠謀于楊皇后矯詔立貴誠爲皇太子改名昀嗣皇帝位封竑爲濟陽郡王出居湖州尋以事殺之帝在位四十年壽六十二

度宗諱禥理宗母弟榮王與芮之子也嘉熙四年四月九日生於紹興府榮邸初榮文恭王夫人全氏夢神言帝命汝孫然非汝家所有既榮王夫人錢氏夢日光照東室是夕隆國夫人黄氏亦夢神人來擁一龍納懷中巳而有娠及生室有赤光資識內慧理宗奇之及在位久無子遂屬意托神器焉淳祐六年十月巳丑賜名孟啓以皇姪授貴州刺史入內小學七年正月乙卯授眞州觀察使就王邸訓習後改名孜封益國公又改賜今名寳佑

二年十月癸酉進封忠王十一月壬寅加元服賜
字邦壽景定元年六月壬寅立爲皇太子賜字長
源七月丁卯入東宮癸未行册禮時理宗家教甚
嚴雞初鳴入内問安再鳴還宫三鳴往會議所參
决庶事退入資善堂聽講經史將晡復至榻前起
居率爲常理宗問今日講何書荅之是則賜茶否
則爲之反覆剖析又不通則繼以怒明日使之復
講五年十月丁卯理宗崩受遺詔太子即皇帝位
庚午宰執文武百官詣祥曦殿表請聽政不允凡

七表始從改元咸淳在位十年壽三十五

后

晉安僖王皇后諱神慶中書令獻之女也以太元二十一年納爲太子妃及帝即位立爲皇后無子義熙八年崩于徽音殿葬休平陵

度宗全皇后理宗母慈憲夫人姪孫女也畧涉書史知古今初元兵圍潭州不下人有見神人衛城者時后從父自岳州道潭州在圍中逾年事平至臨安會忠王議納妃臣僚言全氏侍其父詔孫同

往返江湖備嘗艱險其處富貴必能盡警戒相成之道理宗以慈憲故乃詔入宮問曰爾父詔孫昔在寶祐間沒于王事每念之令人可哀后對曰妾父可念淮湖之民尤可念也帝深異之語大臣曰全氏女言辭甚令宜配冢嫡以承宗祀景定二年十二月册爲皇太子妃度宗即位之三年正月册爲皇后追贈三代賜家廟第宅五年三月后歸寧推恩姻族有差

王侯

宋榮王與芮理宗同母弟也嘉定十七年理宗即位封父希壚爲榮王以與芮襲封奉祀開府山陰蕺山之南曰福王府

漢陽都侯丁復始以越將從起薛至覇上爲樓煩將入漢從高帝定三秦屬周呂侯破龍且於彭城爲大司馬破項籍軍於葉拜將軍忠臣侯七千八百戶高帝定元功十八人復位十七十九年薨謚曰敬子趮侯甯嗣高后十二年卒子安城嗣孝景時有罪免元康四年復曾孫臨沂公士賜詔復其

家

安遠侯鄭吉以卒伍從征西域爲郎宣帝時以侍郎田渠黎積穀因發諸國兵攻破車師遷衛司馬使護鄯善以西南道神爵中匈奴從兄日逐王來降吉發渠黎龜茲諸國五萬人迎之至河曲頗有亡者吉追斬之遂將詣京師吉既破車師降日逐威震西域遂并護車師以西北道故號都護都護之置自吉始焉上嘉其功封吉爲安遠侯吉于是中西域而立莫府治烏壘城鎮撫諸國漢之號令

班西域矣始自張騫而成于鄭吉吉薨謚曰繆侯子光嗣薨無子國除元始中錄功臣不以罪絕者封吉曾孫永爲安遠侯

都鄉侯闞澤字德潤孫權稱尊號以澤爲尚書嘉禾中爲中書令加侍中赤烏五年拜太子太傅領中書如故每朝廷大議經典所疑輙諮訪之以儒學勤勞封都鄉侯虞翻稱澤曰闞生矯傑蓋蜀之楊雄又曰闞子儒術德行亦今之仲舒也

山陰侯賀齊字公苗本姓慶氏伯父江夏太守純

避漢安帝諱姓賀氏齊少授守剡長有縣吏斯從輕俠爲姦齊斬之從族黨糾衆攻縣齊率吏民擊破之威震山越後大末豐浦民反轉守大末長誅惡養善期月悉平侯官長商升起兵應王朗齊諭以禍福升遂降領都尉事累立破賊功遷秩賜軿車駿馬吏卒兵騎如在郡儀吳主權望之嘆曰非積行累勤此不可得常從權攻魏合肥魏將張遼襲權于津北齊將兵迎于津南脫權于難因涕泣曰願終身以此爲戒權自前收其淚曰謹已刻心

豈但書紳後與陸遜破尤突降丹陽三縣得精兵八千拜安東將軍封山陰侯遷後將軍領徐州牧弟景仕爲賊曹校尉子達孫質位至虎牙將軍

都鄉侯鍾離牧字子幹意七世孫少居永興躬自墾田二十畝禾登縣民爭之牧不與競由此發名赤烏五年從郎中歷遷中書令會律安鄱陽新都三郡賊亂出牧爲監軍使者討平之封秦亭侯越騎都尉永安中以平魏將軍領武陵太守會魏郭純進攻酉陽牧率所領晨夜進道斬渠帥及其支

黨純等散走五溪平進封都鄉侯卒于官家無餘
財士民思之子禕嗣代領兵少子徇在忠節傳
晉餘不亭侯孔愉字敬康年十三而孤養祖母以
孝聞與同郡張茂字偉康丁潭字世康齊名時人
號曰會稽三康建興初參丞相軍事以討華軼功
封餘不亭侯蘇峻反愉朝服守宗廟峻平愉往石
頭詣溫嶠嶠執手流涕曰天下喪亂忠孝道廢能
持古人之節歲寒不凋者唯君一人耳三遷尚書
左僕射後以論議守正爲王導所銜累乞骸骨不

許出爲會稽內史乃營山陰湖南侯山下數畝地
爲宅草屋數間棄官居之卒謚曰貞
晉永安伯丁潭字世康元帝時爲尚書祠部郎時
瑯琊王裒始受封帝欲引朝賢爲其國上卿將用
潭以問賀循循曰潭淸淳貞粹聖明所簡才實宜
之成帝時爲散騎常侍蘇峻作亂帝蒙塵于石頭
潭隨從不離帝側峻誅賜爵永安伯卒謚曰簡
梁建寧侯王琳元帝時以軍功封侯梁亡起兵焱
難詳忠節傳

〔陳〕文招縣男韓子高年十六事陳文帝于吳興帝常夢騎馬登山路危欲墮子高推捧而升文帝之討張彪也據有州城會彪自剡縣夜還襲之文帝自北門出倉卒闇夕軍人擾亂時周文育鎮北郭香巖寺子高往見出入亂兵中慰勞衆事帝兵稍集子高引入文育營因共立栅明日敗彪帝即位除右軍將軍封男

〔唐〕梁郡公孔若思早孤其母躬訓教長以博學聞有遺以褚遂良書者止納一卷其人曰是書貴千

金何敢之廉若思曰審爾此亦多矣復還其半擢
明經歷庫部郎中座右置止水一石明止足意中
宗初敬暉桓彦範當國以若思多識古今凡政事
必諮質而後行遷禮部侍郎出爲衞州刺史别駕
李道欽有詔切責之後别駕見刺史致恭自若思
始以清白擢銀青光祿大夫累封梁郡公謚曰惠
武昌縣子孔禎第進士歷監察御史門無賓客高
宗時遷絳州刺史進封卒謚曰溫子詡仕至左補
闕陳子昂稱其神清韻遠可比衞玠

宋祁國公杜衍詳本傳

山陰縣越國公王佐詳本傳

山陰縣開國子陸游詳本傳

山陰縣志卷第二十四

人物志二

名宦　令　丞　簿　尉　學官

名宦有紀存德澤而公懿好者也賢者伸則不賢者詘矣由漢迄今無慮數千載所書僅若而人在古或有逸焉其邇者弗敢誣也

國朝僅登一人其他政事雖賢而其人尚存者例不遽入

縣令

漢王闓字選公無錫人建武初爲縣令不交一人公

庭閒寂時號王獨坐

吳吾粲字孔休吳郡烏程人爲縣令有能聲少時與

同郡陸遜齊名後至會稽太守召處士山陰謝譚

爲功曹譚以疾辭粲教曰夫應龍以屈伸爲神鳳

凰以嘉鳴爲貴何必隱形于天外潛鱗于重淵哉

在官募民討平山越寇名重江東

朱然字義封由餘姚長遷山陰令加折衝校尉督

治五縣孫權奇其能終左大司馬右軍師

晉沈叔任吳興武康人少有幹質爲縣令職務靡不
舉者後爲益州刺史
江統字應元陳留人爲令有善政時羌戎雜處嘗
作徙戎論諷朝廷備其萌永絕禍患不省後五胡
繼亂中原盡荼毒始以統爲知言
于寶字令升新蔡人有良史才領國史後補山陰
令有令名
王鎮之字伯重瑯邪臨沂人始令剡再令上虞稱
循良大元中會稽內史謝輶舉爲山陰令其績效

尤著云後爲桓温錄事參軍銜命賑恤三吳糾會稽内史王愉不奉符旨爲貴盛所抑以母老求補安成太守母憂去職在官清潔妻子無以自返乃棄家致喪還葬上虞服闋爲征西司馬南平太守後爲御史中丞執法不撓百僚憚之出爲廣州刺史在鎮不受俸祿蕭然無營去官之日不異初至

魏覬字長齊會稽人世稱四族之雋及涖官山陰果以政績顯著時益稱服之

王淮之字元曾瑯邪臨沂人義熙中爲邑令以討

盧循功封都亭侯

（宋）張岱字景山吳郡人宋時爲司徒左曹掾母年八十岱便去官還養有司以岱違制將欲糾舉宋孝武曰觀過可以知仁不須按也累遷山陰令職事閒理齊武帝卽位復爲吳興太守岱晚節在吳興更以寬恕著名或謂岱曰公毎能緝和公私何以致此岱曰古人言一心可以事百君我爲政寛平待物以禮悔吝之事無由而及

顧凱之字偉仁吳郡人令山陰山陰素號繁劇凱

之理繁以約縣曹無事晝日垂簾晏如也自宋世
爲山陰者務簡約修吏治握體要必稱凱之孝建
元年爲義陽王昶東中郎長史行會稽郡事後爲
吳郡太守幸臣戴法興權傾人主凱之未嘗降意
蔡興宗與凱之善嫌其風節過峻凱之曰辛毘有
云孫劉不過使吾不爲三公耳泰始初普天叛逆
莫或自免惟凱之心跡清全太宗嘉之復以爲左
將軍吳郡太守子綽私財甚豐鄉人多負其責凱
之每禁之不從及爲吳郡誘綽曰民間與汝交關

有幾許不償爲汝督之緯喜出諸劵與凱之凱之悉焚燒宣語負三郎責皆不須還劵燒之矣嘗言秉命有定非智力所可移妄求僥倖徒虧雅道云卒謚簡

江秉之字立叔考城人山陰民戶三萬訟者日數百人秉之御繁以簡常得無事歷遷新安臨海太守並以簡約見稱在任嘗作一書案去官時留付庫中其介如此

徐豁字萬同東莞姑幕人元嘉初爲尚書左丞出

爲山陰令精練法理吏民畏服後爲始興太守廣州刺史

傅僧祐北地靈州人有吏才兩爲山陰令以異政著稱子琰亦爲山陰令

傅琰字季珪仰前令傅僧祐之子其令山陰以明察著名遷尚書左丞及齊太祖輔政以山陰獄訟煩積復以琰爲令有賣針賣糖二姥爭團簁詣琰琰縛團簁於柱鞭之密視有鐵屑乃罰賣糖者又二野父爭雞琰各問何以飼鷄一人云豆一人云

栗破雞得栗罪言豆者縣內稱其神明後爲廬陵王長史南郡內史行荆州事子翻亦爲山陰令

齊

沈憲吳興武康人少以幹局聞歷烏程令太祖以山陰戸衆難治欲分爲二縣世祖啟曰縣豈不可治顧用不得人爾乃以憲帶山陰令治聲蔚然孔稚圭請假東歸謂人曰沈令斷事特有天才後爲散騎常侍孫浚爲山陰亦能其官遷御史中丞

傅翽爲邑令孫廉嘗請曰聞大人發奸擿伏如神何以至此翽曰惟勤與清爾清則憲綱行勤則庶

事理傳氏三世官山陰並著奇績世傳其家有治

縣譜云

孔奐邑人自五經博士爲邑令以治行著事在人

物傳

陸邵景平初爲山陰令富陽賊孫道慶等攻沒州

邑直抵山陰會稽太守褚淡之自假凌江將軍以

邵領司馬邵與行軍將軍漏恭期合力大破賊于

柯亭

周顒字彥倫汝南安城人爲山陰賢令

王沉字彥流東海人爲山陰令遷長沙太守居官以廉慎著稱久歷仕宦橐無餘貲死無以殮吏爲營棺而歸

劉玄明臨淮人爲山陰令治行爲當時第一及去縣傅琰子翽代之問玄明曰願以舊政告新令何如玄明曰我有奇術卿家譜所不載臨别當以告卿既而曰作縣令惟日食一升米而勿飲酒此第一策也

王詢永泰初爲山陰令會稽太守王敬則將舉兵

反召詢問發縣丁可得幾人府庫物錢有幾詢曰縣丁卒不可得府庫物多未輸入敬則怒斬之乃起兵過浙江

丘仲孚字公信吳興烏程人靈鞠從孫少好學靈鞠稱爲千里駒齊永明中充國子生王儉曰東南之美復見丘生王敬則反以拒守功遷山陰令居職甚有聲稱百姓爲之謡曰二傳沈劉不如一丘言仲孚于數賢令乃獨過之也梁武帝即位著令小縣有能遷大縣大縣有能遷二千石仲孚於是

擢爲長沙内史

梁謝岐山陰人爲尚書金部郎令山陰侯景亂政寄東陽景平依張彪彪在吳郡及會稽庶事一以委之

沈僧昭吳興武康人爲令有能聲推服于時

沈浚字叔源憲之子慱洽有材歷山陰吳建康三縣以循良著累遷御史中丞

陳褚玠字温理陳大建中爲中書侍郎時山陰多豪猾前後令皆以贓汚免宣帝患之以玠清廉有器

虔遂用爲令縣人王休達輩賄賂通姦隱沒丁戶玠乃收休達具狀啟臺宣帝手勅慰勞遣使助玠搜括所出軍人八百餘戶時曹義達爲宣帝所寵縣人有諂事義達憑其勢暴橫者玠執而鞭之吏民股慄莫敢犯

唐張遜乾寧初爲縣令董昌稱帝于越州自號大越羅平國改元順天署置百官召遜知御史臺遜固辭曰公自棄爲天下笑且浙東六州勢不助逆獨據孤州祇速死耳昌怒曰遜不知天意以邪說拒

我因而害之

宋陳舜俞字令舉烏程人熙寧三年以屯田員外郎出知縣事時靑苗法行舜俞不奉法上疏陳其害因自劾奏入貶監南康軍鹽酒稅

元賈棟眞定人至正間爲縣令政廉惠而才明敏百姓咸服

定定字君輔畏兀氏人至正間爲縣達魯花赤均賦役興學校表賢良明敎化吏民稱之

明崔東字震初洪武初知縣事有治聲賦均訟簡民

去後思之

胡志學貴池人洪武末知縣事首興學校士知所修業惠於齊民百姓咸樂其生

譚應奎廣東人有治劇才洪武辛巳知縣事摘奸袪弊吏民畏之不敢欺

姜榮峽江人洪武辛巳以試御史出知縣事守官箴修紀飭法尋膺薦擢陝西按察僉事

王耕字舜耕山東單縣人永樂中知縣事貞介惠和有經濟大畧塒草昧初營造事殷遠衛勾攝旗

校絡繹旁午供應調發民且不堪耕經理節約不廢法亦不病民内官鄭和下西洋索寶玉道所經輙縱恣富家患苦直入人室廬探囊發篋遠近騷動耕言邑小民貧土産布粟而已寶玉非所出也和遂去耕又善水墨畫爲世所珍

錢浩華亭人宣德間知縣事愷悌文雅抑豪强伸枉滯斷獄平反皆得其情里胥應役有程度吏莫敢羈停治行爲一時之最

周鐸四川太行人景泰初知縣事外剛内恕豪猾

有梗治者皆繩以法民相戒不敢犯尤留意學政

以治行稱

金爵字良貴四川人謙約易諒成化中知縣事平易守法節賦省刑居官無赫赫名而下民愛之如父母時郡多虎獨不入境人以爲德化所感都御史劉敷奏其績擢太僕丞拜刑部尚書諸孫官皆侍從人謂盛德昌後云

王倬字用檢崑山人成化中知縣事廉慎文雅識政務達民隱吏不能爲奸民以不擾秩未滿丁外

艱去後終兵部侍郎

李良字遂之山東人弘治間以進士知縣事才畧過人輕徭節費時運河土塘霖雨浹旬即頹塌水溢害稼且病行旅所司歲修築勞苦無成功良設法甃以堅石亘五十餘里塘以永固瀕河之田免于水患至今便之

杜宏河南人弘治間以進士知縣事性慈仁政尚簡易視民煦煦若恐傷之者事無巨細皆聽而平焉有古循良之風

張煥字玉奎江西太和人正德間以進士知本縣事平恕近民裁政務先大體丁卯秋海溢溺漂廬舍死殍相枕籍煥躬率巡省弔死問生請于當道寬租賦以賑之比歲登令民築塘捍海復于上流建扁拖閘以時蓄洩自是少水患民懷其惠留心學校躬勤講廸邑故有稽山書院煥修復之

顧鐸字孔振山東博興人正德間以進士知縣事嚴明威斷吏不爲奸而民自安豪右斂迹至今談其政凜然風生

楊行中字惟愼通州人嘉靖間以進士知縣事重厚鎭俗不務苛細雖棼劇中不越常度所推行必察其當于羣情者時方懾於前威而行中以簡靜居之寬猛相濟士民歡洽秩滿擢監察御史

劉昺字晉初鳳陽人嘉靖間以進士知縣事性敏穎剸幹剖決無滯牒邑有瀕海漲沙凡千頃民因爲田歲有穫而無徵額昺請于當道躬親履畝而以邑之無抵粮稅量均于内民甚便之昺視事三年布利鏟弊職務舉而公庭晏閒賦詩盈篋前後

爲令以儒雅稱者必推昺焉遷刑部主事

以上邑令皆舊志所載

徐貞明字伯繼號孺東貴溪人以進士授山陰令愷悌爲性在任五載抑豪强扶善良緩科勸農以至葺官路築海塘不取行鋪不差公勾不畏勢閥不避上撓尤邑令中所罕見考校士不徒以文必舉公正者爲民導善止惡及貞明應召民無不泣送輿馬擁不能行甚有隨至南直隸山東界戀戀不忍去者今建祠在迎恩門外邑人張元忭爲之

記徐渭贈以歌書之碑陰

毛壽南吳江人由進士授山陰令眞誠愷悌退然若不勝衣及事有掣肘人所袖手者任之無難色民有隱得以自言值歲歉道殣相望壽南請蠲不得則停征兩限監司讓之弗顧仍捐廪祿多賑濟餓者得糜病者得藥時有乘災謀爲亂者廉得渠魁捕治之餘黨悉散先是吏胥媚攝篆詭報完賦以自爲功會赦撫院據完額索賦壽南具實以報卒罷徵越俗多以殺人相誣一訊之家輒破乃先

驗屍然後詢遂使誣者懾息故饟勾餘之衛在三百里外民艱于漕則爲權豐歉議攺折復量授程資當道善其議檄他邑通行之邑有麻溪壩壩外爲天樂鄉田三萬七千有奇江潮衝溢乃築堤于猫山鄭家山之間以捍外潮民爭赴工不費公家一緡而事竣方欲開壩以洩兩盈湖之水使天樂鄉爲膏腴即山會蕭三邑之田亦可無旱潦誠鉅利也時衆議未定會應內召不果行治山陰五載拜御史民追思而祠之

馬如蛟字騰仲直隸和州人天啟壬戌進士令山陰廉明愷悌頗吃于口而斷決如流案無留牘嘗築海塘修麻溪壩定閘規以洩兩盈湖之水立大善社建義倉每擒盜賊禁毋得妄攀值旱荒禱雨即澍爰建逢年亭于城隍廟中朔望率父老子弟諄諄講聖諭六言入闈分校士號爲得人後以行取陞御史巡西蜀振綱肅紀賊魁授首辛未巡漕以武闈時畧落職歸時流氛熾甚獨募士固守會寇大至力竭不支和州陷與弟訣曰願爲厲鬼以

殺賊耳死之其一門死節者十有四人越人聞而
哀之崇祀名宦

皇清顧予咸字松交長洲人順治丁亥進士初越疆甫
定前令死于官是時土賊遍村落民稍殷實者出
城不數武即被擒去各鄉雖行團練法亦焚掠無
虛日凡農民不願爲盜者脅從之始免死寇氛莫
熾焉城門常晝閉甲冑士介馬而馳金鉦聲不絕
于耳發兵斬獲愈多而揭竿者愈蔓予咸甫下車
伺其情狀慨然曰是可撫而定也遂挺身帶吏行

一二人艤小舟往喻以禍福且憫其不得已之情慰遣之賊捉戈羅拜願爲良民者即註之籍給免死牌申請上司保之時山陬海澨賊不下數十萬單車所至前後皆就撫實其力也爲山陰令六年性通敏有能吏聲以行取陞刑部主事尋轉吏部稽勲司員外民有歌曰鑑水南鑑水北奕奕井廬

如錫簇潢池赤子弄刀兵翻天倒地成荊棘我侯刈之非戈殳但言與汝事稼穡解下盤頭裁作衣將來白布染成色烽烟靖盡舊湖光採蓮聲起歌啞啞

丞

元戴正鄱陽人至正間爲山陰丞時年方十九詳愼如老吏有清操政尚寬平適承檄括民田詭隱弊革而民不擾

明龐佐江都人自少以志節聞貢爲太學生鄉有妖佐爲辨怪文以禱于神妖遂熄武宗南狩佐抗疏勸返駕禍且叵測而佐處之晏如以是天下稱其正氣縉紳多頌美其事及丞山陰清而有體以文學餙吏治遷高陽知縣

簿

明鞠斌永樂初爲主簿性寬仁不施鞭朴而吏不忍欺莅政數月庭無滯獄尋被徵擢

尉

宋鄭嘉正福州福清人紹熙初爲尉以幹理稱

明陽春洪武中爲縣尉清勤廉介有幹局晨起視事日晏未罷唯啜糜而已隆冬無衣上官知其貧以衣衣之受而不服其介如此

黃昇四會人永樂初爲縣尉廉謹有治才訟平事集民德之

學官

明韓宜可字伯時忠獻公琦之後幼好學磊落有大志洪武初以歲貢授山陰文學歷西臺御史自以受知遇言事蹇諤無所避大臣之貴倖者咸側目焉出爲陝西按察僉事坐累免爲庶人尋起按山西布政司久之再坐累謫滇陽隸戎籍未幾事白復起爲雲南參政擢右副都御史宜可雖以文學名然明習法令歷憲臺多所平反世稱老吏云

薛正言洪武初詔郡縣立學命采譽望士爲學官

所司薦正言以鄉人署訓導諸生皆鄉子弟正言視之益親執經坐講席爲辨析疑隱發揮宗旨諸生相聽受忻忻如也累官廣東參政應天府尹

王受益字子謙舉明經爲邑庠訓導淹貫經史尤邃於春秋學善指授多所發明恒病傳註煩蕪或背聖人作經之旨取汪氏纂疏李氏會通程氏本義折衷之裒爲一書名曰春秋集說後召入翰林校書受益與韓宜可薛正言先後典學于鄉爲鄉後進所宗

人物志二

名宦叅

山陰縣志卷第二十五

人物志三

寓賢

古之君子達觀海宇迹其所居令名垂焉山陰古稱名勝高賢之所萃止紀其標度泝其流風後起者斯有所興矣

漢梅福字子眞九江壽春人少學長安明尚書穀梁春秋爲郡文學補南昌尉後去官歸壽春居家嘗以讀書養性爲事至元始中王莽專政一朝棄妻

子去九江至今傳以爲仙後百餘年有人見于會稽今山陰之地有山曰梅山梅尖有鄉曰梅墅有里曰梅里有泉曰子眞泉皆其遺蹟也

晉王羲之字逸少臨沂人司徒導之從子也少有美譽朝廷愛其材器爲右軍將軍會稽内史雅好養性不樂居京師初渡浙江見會稽有佳山水名士多居之卽有終焉之志時孫綽李克許詢支遁等皆以文義冠世並築室與居嘗集同志修禊山陰之蘭亭自爲製序而書之冠絕今古嘗臨池學書

池水盡黑每自稱比鍾繇當抗衡比張芝猶當雁
行也典午中葉王事多艱重以敦峻鼓亂義之負
經濟才知時事不可爲遂絕意不仕稱病去郡于
父母墓前爲文以誓之遂與東土人士釣弋採藥
盡山水之樂嘗與謝萬書曰古之辭世者或披髮
佯狂或汚身穢跡可謂艱矣今獲遂宿心豈非天
幸頃東遊還修植桑果今盛敷榮率諸子抱弱孫
遊觀其間割甘分食以娛目前猶欲教養子孫敦
厚退讓彷彿萬石君之遺風其懷抱高曠與倫義

之篤類如此子七人徽之操之獻之最著菑家于山陰遂世爲山陰人

梁何胤字子季廬江灊人仕齊至中書令賣園宅欲入東山拜表辭職不待報輒去有詔許之以越山多靈異往遊焉居若耶山初胤二兄求點並棲遁求先卒至是胤又隱世號點爲大山胤爲小山求曰東山世謂何氏三高梁武帝踐祚詔爲特進不起有敕給白衣尚書祿固辭又敕山陰庫錢月給五萬不受乃敕何子朗孔壽等六人于東山受學

亂以若耶處勢迫隘不容學徒遂遷秦望山山有飛泉乃起學舍即林成園因巖爲堵别爲小閣寢處其中躬自起閉僮僕無得至者及卒簡文帝親撰墓誌銘

唐賀知章字季真越之永興人性曠逸善談說與族姑子陸象先善象先常謂人曰季真清譚風流吾一日不見鄙吝生矣嗣聖初擢進士超拔羣類累遷太常博士禮部侍郎兼集賢院學士一日併謝宰相源乾曜曰賀公兩命之榮足爲光寵玄宗自

爲贊賜之遷太子右庶子兑侍讀徙工部肅宗爲
太子知章遷賓客授秘書監知章晚節尤誕放遨
遊里巷自號四明狂客及秘書外監天寶初夢遊
帝居數日始寤乃請爲道士還鄉里以宅爲千秋
觀有詔賜鏡湖剡川一曲既行帝賜詩皇太子百
官餞送于途遂老于鏡湖故越人呼鏡湖爲賀鑑
湖云

張志和字子同始名龜齡婺州金華人年十六擢
明經以策干肅宗特見賞重命待詔翰林因賜名

親喪不復仕居江湖自稱烟波釣徒著玄眞子亦以自號又著大易十五篇築室稽山每垂釣不設餌志不在魚也觀察使陳少游往見爲終日留表其居曰玄眞里陸羽嘗問孰與往來對曰太虛爲室明月爲燭與四海諸公共處未嘗少別何有往來李德裕稱其隱而有名顯而無事不窮不達嚴光之比云

方干字雄飛新定人工詩賦欲舉進士有司奏干缺脣不可與科名遂遁跡鑑湖蕭然山水間以詩

自放咸通中太守王龜知其亢直薦爲諫官召不就將歿謂其子曰誌吾墓者誰與吾之詩人自知之誌其日月姓名而已及卒門人私謚曰玄英先生唐末宰臣奏名儒不遇者十五人追賜進士出身干與焉

宋沈煥字天明錢塘人熙寧四年與其二子琰偑至京師司馬光得其所著書十六篇獻諸朝既出而公卿士大夫爭傳之是年登進士第擢爲開封府推官居歲餘府胥以姦贓敗窮治甚急事連前後

尹佐者十餘人而煥無纖毫累由是清慎之譽聞於時超授右正言寶文閣待制是歲元豐二年也當遣人使遼賀生辰上難其人朝臣推曰非沈煥不可卽日奉詔行遼人使趙資睦迓煥果不辱命而歸後遼使至復使煥館客西北之釁遂解章惇爲門下侍郎而給事中爲之屬乃奏言給事中三省之屬凡所封駁宜先禀而後上詔從之煥謂韓忠彥曰噫是執政之意也給事中失其職矣復奏言願從丁亥詔爲正士從之五年上疏論青苗之

害上感悟拜樞密副使力辭而歸及神宗崩煥赴闕百姓遮道呼曰此沈相公也公無去願留相天子活百姓所在數千人聚觀之煥歸錢塘太皇太后屢詔不起隱于越州鑑湖之滸崇寧四年八月薨于山陰大保里享年七十有一謚忠肅河南程頤爲之傳所著文章集爲二十四卷奏議十六卷行事一卷家傳一卷立祠法雲寺之右春秋世祀焉○子琰字公執學于龜山先生之門崇寧間登進士第拜國子監直講高宗即位擢監察御史初

對上六事一正本二任人三守令四理財五養民
六賑救指陳利病多人所難言者屢奏秦檜罷和
議高宗不懌出語詰琰拱立不爲動伺間復言帝
爲之改容陞翰林博士因秦檜入相屢諫不用致
仕而歸渡錢塘廬于忠肅公之墓側晝夜悲號乾
道二年卒享年八十有一蔡沇著其行狀葬于青
田鄉○琰之子繼祿字承寵號棲霞道者居山陰
七歲通五經舉神童乾道二年以賢良邊務試禮
部拜將作監丞是年丁父憂廬墓十年不出孝宗

召試拜著作郎遷右正言光宗即位遷右司諫與權臣不合而歸寧宗又召爲侍御史奉使契丹嘉定十二年充翰林學士遭歲旱繼祿除其公田租一萬二千石又請悉除浙東民租弛其鹽禁使民得貿海易食以救其饑京師有祐韓王爲飛語者詔繼祿窮治繼祿謂謬妄之說起于小人不足窮治且無以慰韓王心疏成一夕三上上可其奏京師富民王氏女有色寧宗選入宮中欲立之而易后羣臣莫敢言繼祿獨爭之上悟遂還其家有洞

蠻八百餘人自荆襄來歸力請納之不聽遂托疾
歸不兩月蠻果爲亂朝廷屢詔不起紹定二年上
幸其居講論終日貫穿通洽不可窺其際端平二
年卒其兄繼先淳熙進士知江寧府亦甚有賢名
四子存仁存義存禮存智皆讀書好古公因史彌
遠賈似道柄政誡勿仕後葬于苦竹山魏了翁誌
其墓御製誄詞勅安隱寺收拾賜田祀之子孫遂
居城西之霞頭世爲山陰人

〔尹焞〕字彥明洛陽人少師事程頤常應舉見發策

有誅元祐諸臣議焞曰噫尚可以干祿乎不對而出告頤曰焞不復應舉進士矣頤曰子有母在歸告其母母曰吾知汝以善養不知汝以祿養頤聞之曰賢哉母也於是終身不就舉靖康初用种師道薦召至京師不就賜號和靖處士及金人陷洛焞闔門被害焞死復甦劉豫以兵刼焞焞抗罵不屈夜徒步渡渭潛去紹興八年除秘書少監兼崇政殿說書毎當講日前一夕必沐浴更衣以所講書置案上朝服再拜齋于燕室或問之曰必欲以

所言感悟君父安得不敬高宗嘗語參政劉大中
曰焞學問淵源足爲後進矜式班列中得老成人
亦見朝廷氣象乃以焞值徽猷閣留侍經筵復除
權禮部侍郎兼侍讀因極論和議之非又以書切
責秦檜尋乞致仕其壻邢純迎養于越卒因葬焉
所著和靖文集十卷
張遠猷字展卿四川漢州縣竹人魏公後五世孫
景定改元錄張栻後以蔭補官仕至貴州朝列大
夫三年陞紹興府知府時賈似道秉政遠猷鯁直

不阿未嘗奔競權門往返武林惟與叅知政事江
萬里直學士院文天祥詩酒過從深相結納賈似
道造私第于紹興山陰縣治之西官吏民人過其
門者皆出車下馬如王府例遠獻于左右造二橋
迂道避之遠獻勵精圖治屬吏俱不敢舞文弄法
四境肅然鏡湖田旱潦不時遠獻留心溝洫一遵
會稽太守馬臻遺制築堰脩閘農民恃以有秋又
于退食之所作堂名思明以志警郡人頌其廉明
比之劉寵范仲淹云五年報政加大中大夫賜緋

衣金魚袋致仕治裝欲歸而蒙古兵分道入嘉定諸路四川道梗遂卜居于山陰卒葬雲門石人山至今子孫繁衍累世簪纓不絕爲一邑望族

〔曾志〕字仲常南豐先生鞏之孫補太學內舍生以父任爲郊社齋郎累官司農丞通判溫州攜家次于越建炎三年詔旦皆詣府見不至者死志獨不往逮捕見琶八辭氣不屈志遂與家屬四十餘口同殺于南門外越人作大窖瘞其屍其弟餘杭令息收葬于天柱山志死國與衛士唐琦時事相同

琦先有祠恴至嘉靖壬寅知府張明道始祔大節祠並琦祀之

韓肖胄相州人忠獻公琦之曾孫徽宗時賜同上舍出身建炎初爲工部侍郎條奏戰守計千餘言累遷僉書樞密院事後以資政殿學士知紹興府尋奉祠與其弟膺胄寓居于越事母以孝聞卒謚元穆

林景熙字德暘溫之平陽人也宋咸淳中進士宋亡不復仕與同舍生邑人鄭樸翁輩私相嗟悼以

不能效國難報君恩爲愧甞寓越適楊髡發諸宋
陵墓棄其遺骸景熙佯爲採藥行陵上以艸囊拾
之盛以二函託言佛經瘞越山植冬青樹以志之
而哭以詩既而歸平陽尋爲會稽王監簿延致于
是往來吳越者二十餘年歸卒于家所著詩文有
白藁白石樵唱

元王冕諸暨人七八歲時父命牧牛隴上竊入學舍
聽諸生誦書聽已輒默記暮歸忘其牛或牽牛來
責蹊田父怒撻之已而復如初母曰兒癡如此曷

不聽其所爲冕因去依僧寺以居夜潛出坐佛膝上執篋映長明燈讀之琅琅達旦佛像多木偶獰惡可怖冕小兒恬若不見安陽韓性聞而異之命之學遂爲通儒性卒門人事冕如事性時冕父巳卒卽迎母入越城就養久之母思還故里冕買白牛駕母車自披古冠服隨車後鄉里小兒競遮道訕笑冕亦笑著作郎李孝光欲薦之爲府吏冕罵曰吾有田可耕有書可讀肯朝夕抱案庭下備使令哉部使者行郡坐馬上求見拒之去去不百武

冕倚樓長嘯使者聞之慚冕屢應進士舉不中竟棄去下東吳渡大江入淮楚歷覽名山川或遇奇才俠客談古豪傑事即呼酒共飲慷慨悲吟人斥爲狂北遊燕都館秘書卿泰不花家泰不花薦以館職冕曰公誠愚人哉不滿十年此中狐兎遊矣何以祿仕爲即日將南轅會其友武林盧生死灤陽唯兩幼女一童留燕倀倀無所依冕知之不遠千里走灤陽取生遺骨且挈二女還生家冕既還越復大言天下將亂時海內無事或斥冕爲妄乃

攜妻孥隱于九里山種豆三畝粟倍之植梅千樹桃杏居其半芋一區薤韭各百本引水爲池種魚千餘頭結茅廬三間自題爲梅花屋嘗倣周禮著書一卷坐卧自隨秘不使人觀既而撫卷曰吾未即死持此以遇明主伊吕事業不難致也當風日佳時操觚賦詩千百言不休皆鵰騫海怒讀者毛髮爲聳人至不爲賓主禮清談竟日不倦善畫梅不減楊補之求者肩背相望未幾汝潁兵起一如冕言明太祖取婺州將攻越物色得冕寘幕府授

以諮議叅軍一夕病故晃狀貌魁偉美鬚髯磊落有大志不得少試以歿

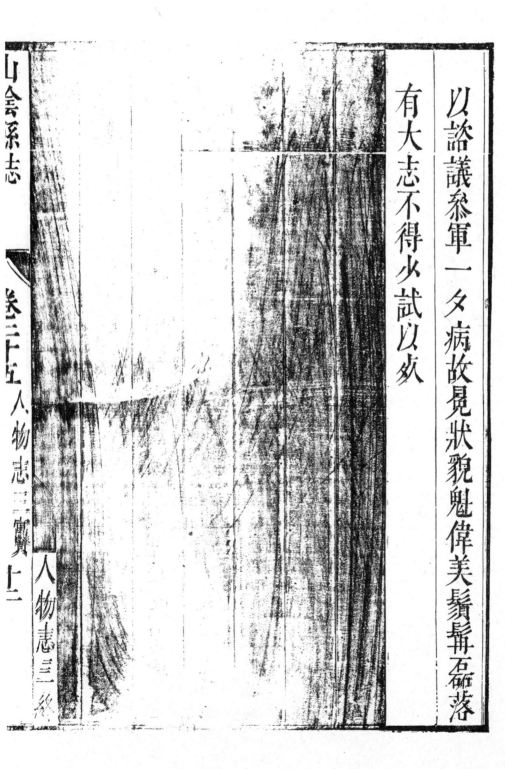